U0510135

> 序
Prelude

陈列艺术中的质感、美感以及环境气氛的调节，光在其中起到了极大的作用。光不仅是亮度和色彩的表达，在陈列中更重要的在于能体现情绪和感受，在于引导人们去体会和加强陈列内容中所想表达的主题和思想，并让人产生愉悦和引起暇想。但光在文物陈列展览中的应用又是受到限制的，要根据不同文物的保护要求来正确运用。

《光与陈列艺术》，是陈同乐先生二十余年在南京博物院从事陈列艺术设计和研究的实践总结，是对文物陈列艺术的理论思考，是结合展览与文物保护的科研成果。公众服务与科学研究，是博物馆的二个极其重要的工作内容，或可称其为两极。博物馆的陈列展览是公众服务的最好方式，而将展览中的陈列艺术设计过程中的点滴心得作系统的归纳、思考，将其上升为研究成果，这又是更高的要求。

2006年，南京博物院为了强化对公众的服务，除常规的8个基本陈列外，在院内举办了60余个临时展览，参加了国际博物馆及相关产品博览会，帮助国内许多博物馆设计了相关的基本陈列。陈同乐是陈列展览中形式设计的负责人和主要业务骨干。他曾主持和参与设计了南京博物院艺术陈列、山西博物院晋魂历史陈列、甘肃博物馆专题陈列、中国民族工商业博物馆专题陈列、中国珠算博物馆专题陈列等优秀陈列，其中南京博物院艺术陈列被评为1999年度全国十大精品陈列，南京博物院举办的《泗水王陵考古展》被评为2005年度全国十大精品展的最佳形式设计奖。他的敬业精神和业务素养水平，已被业内同行尊重和认可。其设计思路也日益活跃和成熟。

一位热爱艺术的智者，一位兢兢业业的敬业者，一位忙碌于本职工作的研究者，这就是南京博物院陈列艺术研究所的陈同乐。我真心希望在我院能有更多的陈同乐涌现。

是为序。

南京博物院院长　龚良
2006年10月18日

> 序
Prelude

我不知道没有光还会有什么。

我不知道没有光还能看到什么。

贝聿铭说："光一直在我的作品中扮演很重要的角色。我很喜欢早期的立体派雕塑，没有了光，就无法欣赏它们，建筑也一样。对我来说，光对建筑实在是太重要了，没有了光的变幻，形态便失去了生气，空间便显得无力。光是我在设计建筑时最先考虑的问题之一。"（《贝聿铭谈贝聿铭》，[德]盖罗·冯·波姆著，林兵译，文汇出版社）设计博物馆尤其如此。建筑师们一定会把博物馆当作真正的艺术品来设计。贝聿铭就设计过不少著名的博物馆。

人们习惯于把去博物馆叫做参观博物馆。参观就是去看。看博物馆的建筑艺术，看如贝聿铭这样的大师的设计艺术固然是一件赏心悦目的事，但对于博物馆来说，更重要的是要让参观者在更好的光影构成的藏品陈列空间里感受历史与欣赏艺术。

营造博物馆里大大小小展示空间的光影艺术氛围，通过光影效果凸现不同种类不同质地的珍贵展品，便成为陈列设计师们最重要的使命。任何一个博物馆的陈列设计者都不敢轻视与怠慢。

光是极普通的，普通到往往忽略它的存在；光学是异常深奥的，深奥到无穷。博物馆的陈列设计师不大可能成为光学研究者，但随着光学研究的发展，随着高科技带来的对光的愈来愈自由的认识与把握、创造与应用，陈列设计者有了愈来愈大的创造空间，有了发挥想象与才能的无限可能。

光如万花筒，善用者创造无穷。任何一位优秀的陈列设计师必定是一位光的使者，光的舞者。任何一个成功的陈列总是由光来增光出彩的。如果不懂用光，不善用光，任何精美的展品都会黯然失色。

在这样的条件与要求下，在这样的比较中，博物馆陈列设计中对光的应用与研究不能不受到高度重视，不能不放到相当重要的位置上。

于是有了陈同乐的这本书。这应该是中国博物馆界第一部关于光在陈列艺术中的应用与研究的专著。这样的专著由陈同乐写出来似乎是顺理成章的，因为我知道他多年以来一直埋头于博物馆的陈列设计，格外醉心于光在陈列艺术中的应用研究，并取得了显著的成绩。以他为主力的南京博物院的陈列广受好评，给我印象最深的就是光影营造出来的艺术境界，不只是人工光，还有自然光 本来就很精美的文物置身这样的境界，愈发美轮美奂。没有如此丰富的实践经验，没有坚持不懈的追求探索，是很难写出包括了光与美学、光与陈列、光与文物保护内容的专著来的。

"第一"当然具有开创的意义，自然也有不成熟的不足。看陈同乐的陈列设计，读陈同乐的书，我总会生出些疑问来：为什么作设计时得心应手，写出来后在阐述理论与实例举证的结合上反而显得生硬？难道真应了那句俗话：会做的不如会说的，会说的不如会做的？既有丰富积累，又具操作能力，且勤于思考的陈同乐本来应该写得更好些，在理论与实际结合上，在论述与图片的关系上处理得更密切些。这真是一桩遗憾的事情，至少影响了这本堪称"第一"的书在陈列设计中发挥更大的作用。

发现光感觉光享受光的美决定于人的眼睛，在陈列设计中如何设计光、利用光、创造光，如何用光来创造美决定于设计者的眼光。设计者的眼光一定会引导影响参观者的眼光，参观者的眼光也在挑剔设计师的眼光。面向公众的陈列设计就是这样一个互动的提升过程 提升了设计师，提升了展览，提升了参观者，提升了美与审美。

李文儒
2006 年 9 月

序
Prelude

旧美学家把感官分为高级的(视觉与听觉)与低级的(其他)两种。把高级的感官特定为"审美的感官"。此说尽管失之偏颇,但视觉的审美感受却是人们能够体会得到的。不知什么时候,是谁又发明了"养眼"这个词来形容这种美好的感受。话到此,必然要引出一个关键词,那就是采光与照明,没有光照,视觉无从谈起,审美也便失去了意义。

良好的光照环境是人们进行正常工作、学习和生活的必要条件。创造博物馆、展览馆一切展示活动良好光照环境也就成为陈列艺术设计师、建筑师和照明工程师的共同心愿。如果说一些公共建筑对光照形式提出了一般艺术性要求,那么博物馆陈列对光照的形式和处理原则往往会提出更加苛刻的要求:它会渗透在实用功能、审美功能以及现代文化科技理念很多方面。这是因为博物馆陈列展览作为综合艺术这一特性决定的。光照在这里既面对大量观众,又面对大量文物;既要人性化满足人的健康舒适,又要规范化符合文物的安全要求。光照不到位不行,光照过了头也不行,可见光照是参与这一综合艺术中的一个活跃的因素。

陈列设计是艺术与科学紧密结合的一门学科。而陈列展览面对建筑空间进行再创造的陈列艺术设计脱离不开建筑物理。当代建筑光学已经细致到展示活动中的光照技术与艺术领域,但国内对此研究尚在初期。近年来不少人热忱地提倡展示中应用声、光、电重要,殊不知,自其外化观感进入到对内涵的把握是需要有专业的技术理论指导才行。

陈同乐是学美术的,自走上博物馆陈列艺术设计这条道就没有停下来。他完成过许多大型陈列展览项目设计,他又观察过国内外各类博物馆陈列展览,他曾以一个设计师的语言和心灵感受对我讲起盖蒂文化中心,当时他激动,还有点亢奋。平时,他思维敏捷,又不失沉思。他信奉"最好的设计是看不到设计""设计了无痕迹"这需要熔铸设计师全部修养和功力,也需要健康审美场与审美流的培育。如果把这个理念运用到博物馆陈列采光照明设计中,应该是高境界的追求。鉴于国内陈列设计中光照技术理论的滞后,同乐能不失时机身体力行完成这一课题研究,它无疑填补了这一应用科学的空白。尽管是起步,但毕竟是零的突破。它为陈列艺术设计师和日渐活跃的展示活动提供了一个本本,可以参考,可以依据。我相信,同乐及年轻一代设计师们会在实践的基础上写出更多的专著,对我们钟爱的陈列艺术事业做出贡献!

赵春贵

2006.7.5 天津

> 简介
Synopsis

陈同乐

江苏苏州人，1985年毕业于南京艺术学院，之后一直从事博物馆陈列艺术的研究和工作。曾主持设计南京博物院、山西博物院、甘肃博物馆、中国珠算博物馆、中国民族工商业博物馆等大型陈列展览。设计作品曾获全国十大陈列精品奖、最佳形式设计奖。现为南京博物院陈列艺术研究所副所长、副研究员、中国博物馆学会陈列艺术委员会常委、中国历史博物馆艺术顾问、《陈列艺术》杂志执行编辑。

> 简介
Synopsis

倪明，江苏南京市人，大学本科学历，研究员，现为南京博物院院长助理，江苏古代建筑研究所所长，江苏省建委招标办专家评委，东南大学建筑学院兼职实习教师，苏州大学兼职教授。

许建春，国家一级注册建造师，中国室内建筑师学会会员。曾在南京师范大学美术学院，东南大学建筑系学习，分别获得文学学士、硕士学位，现为南京师范大学美术学院副教授，艺术设计系副主任，南京百会装饰工程有限公司设计总监。
任中国建筑装饰协会设计委员会委员，江苏省勘察设计协会建筑装饰及环境艺术设计专业委员会副主任委员，江苏省建筑装饰协会专家工作委员会专家。
2004年被中国建筑装饰协会评为全国杰出中青年室内建筑师，2005年荣获第三届中国环境设计学年奖最佳指导老师奖。

Contents /目录

P020

P038

P065

光 在 陈 列 中 的 应 用 与 研 究 ——

P098

P128

P166

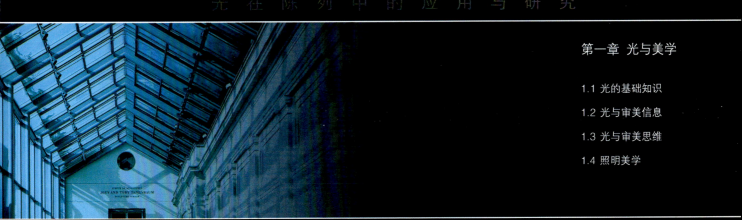

第一章　光与美学

光和色的建筑

光和色的建筑

1.1 光的基础知识

　　光线，是揭示生活的因素之一，它是人和一切昼行动物大部分生命活动所赖以进行的条件。又是推动生命活动力的另一种力量——热量的视觉对应物。除此之外，光线还能向眼睛解释时间和季节的循环。光线，几乎是人的感官所能得到的一种最辉煌和最壮观的经验，正因为如此，它才会在原始的宗教仪式中受到人们顶礼膜拜。随着它对人类日常生活与生产活动的巨大作用日益为人们所熟悉，人们越来越担心着它的泯灭。只有艺术家和诗兴偶发的普通人，才能在对它进行审美观察和审美欣赏中洞见它的美的光辉。

　　艺术家对于光线所持的概念，大体从下述两个方面受到人类总的态度和普通反应方式的影响。第一，实际的兴趣把人对光线现象的反应变成了有选择的注意。它使人的意识对那些普通的光线现象不再注意和反应，而对一次大爆炸或日蚀造成的黑暗，却能立即注意到；甚至还能使自己的情绪久久不能平静下来。然而，要想使眼睛在那些与他们的实用目的毫无关系的事物和事件中发现意义，它就必须能够洞见火红的枫叶和阳光之间的因果关系，就必须能够一眼看出使苹果呈现出柔和的圆球状的光影层次。第二，艺术家关于光线的概念应该是由眼睛直接提供的。它与科学家对光线的物理解释有着本质的不同。即使那些人所共知的普通光学知识，也不能代替眼睛对它们的直接观察。我们看到，就是在哥白尼死后四百年的今天，人们所看到的太阳仍然是那种在天空中运动着的太阳。事实上，不仅这个由古代地心说所宣扬的"太阳不断绕地球运行"的理论仍然为人的眼睛所接受，甚至那些比地心说还要可笑的说法——太阳从东方升起向西方落下，它的升起和降落、它的光芒的由弱变强和由强变弱，它走过的道路象征着英雄走过的道路等等。至今还仍然为现代人的眼睛所接受。

　　物理学家告诉我们，我们的生命是借助于太阳的光线来维持的，那照亮天空的太阳光线是越过了93000000公里的黑暗路程之后才到达我们这颗黑暗的星球的，等等。尽管这些都是科学事实，然而人们的知觉对它们却仍然难以直接接受。对眼睛来说，天空的光线是天空本身具有的，太阳不是别的，它是这个天空中的最亮的一个点，它附着在天空之上，也许是由天空创造出来的。

美国盖蒂中心

德国画家帕特海姆画展中的照明设计，镜框上玻璃没有眩光

这些指示牌是在背面用光的

1.1.1 光的基本特性

在人的眼睛看来，光线并不是由一个物体传送给另一个物体的，而是一种独立的现象，或者说，它是某物体自身所具有的一种性质："白天"往往被看作是一件光亮的物体，是由白色的"云雾"集聚而成的。白天的光线，或是某一盏灯发出的光线，只能把物体本身的光线唤出来，就像火柴把一堆柴草的光线唤出来一样。

人们对光线的理解是一个实践过程。人的眼睛对光线有一种转换的适应过程。这种转换，部分是由眼睛的适应或眼睛的调节机制操纵的。当亮度减弱时，瞳孔就会自动地放大。这样，眼睛就能接受更多的光线。此外，视网膜上的感受器的感受程度，也能随时按照刺激的强弱做出调节。例如，当我们进入一间光线昏暗的房间之后，只要过一会儿，就会感到十分习惯了，而且再也不会感到它是昏暗的，这就像对某种气味闻久了之后再也感觉不到它一样。众所周知，当我们沉浸在一幅古画当中的时候就再也感觉不到这件画的旧古，只有当我们拿这幅画与另一张新的白纸相比较时，才会大吃一惊地发现，原来这幅古画的纸张是如此之"黑"，这就是说，在这样的时刻，已经不知不觉地发生了转换作用。在山西侯马发现的早期先民为观察季节的变化和时光的流动的天象台遗迹。那时的人类已经通过对光的变化来预测季节的变化，但从形式来看，它已不只是生活意义上的形式，那是先民们创造的一件伟大的艺术品。也许普通的人不曾意识到这个杰作，就如我们现在看皮影表演一样冷漠。人们只看到皮影艺人高超的表演，忘却了这一传统艺术是通过光而展示的光感艺术作品。

光线实质上是一种频率很高的电磁波，光的干涉、衍射效应说明具有波动的性质，光电效应又说明具有粒子的性质，因此光是一种同时具有波动性和粒子性的电磁辐射，称为光辐射的波粒二象性。

可见光是光谱中很少的一部分，但它能刺激人眼而引起视觉效应。要严格确定可见光的波长范围是比较困难的，一般可以取波长380～780nm作为可见光的范围。然而当光很强时，人眼可感受的波长范围至少可以扩大到350～900 nm。各种光的差别仅在于波长与频率的不同。

1.1.2 光的颜色

光是世界上唯一的色源，如熟透了的西红柿、翠绿的小草等等，都只是组成光的一种或几种颜色的反射体，吸收体或透射体而已，没有光，甚至连最浅淡的颜色都不存在，但这个概念并不易被接受，因为颜色仿佛是人能看见的每一样东西的固有部分。世界上有明媚的春光，有盛夏的鲜花和令人惊叹的秋叶，有蓝色的海洋和金色的夕阳。而光是唯一的色源，那么，大自然怎样会得到变化无穷的调色板？人类又怎样能利用颜色而获得非凡的效果？这些问题的答案牵涉到三个要素的性质及其相互关系。这些要素是：光——色源；各种材料及其对色的反应。眼睛——色感受器。

可见光虽然在光谱占有极少的一部分，但它却是非常重要的一部分，这是由于可见光的波长不同，引起人眼的颜色感觉就不同。波长由长到短，对应着颜色感觉由红到紫。即：

红色 770～620 nm　　橙色 620～590 nm
黄色 590～560 nm　　黄绿色 560～530 nm
绿色 530～500 nm　　青色 500～470 nm
蓝色 470～430 nm　　紫色 430～380 nm

这种划分只是给出一个大致的范围，实际上单色光的颜色是连续渐变的，不存在严格的界限。而且单色光的颜色感觉随着光的强度变化而变化。例如 600 nm 的红色光当照度由 20001x 减少到 10001x 时，就必须减少波长 34 nm 才能保持原来的颜色。

光通常是白色的，白光包含各种颜色的光，黑、淡蓝、亮白、橙、红、暗紫、蓝、绿、亮黄等等，这不是普通的光谱，各种颜色按照自己的某种奇怪逻辑，杂乱地互相混合在一起。一束光通过玻璃棱镜显示（系牛顿揭示）白光组成的完整的颜色范围（几乎没有光源，自然的或人工的，以相等比例显示整个颜色范围）。当白光投射到一有颜色的物体上时，该物体的表面吸收光谱的一部分，按照其颜色，反射其余部分，因此，一个红颜色的物体吸收除红色的所有波长的光，那就是为什么在白光中我们看到它是红色的缘故。如果原有光线颜色不平衡，这将会影响我们感觉到的颜色，例如看到的红色物体在蓝光中显现黑色，因为无红光反射，物体表面的实际质量也支配反射或吸收入射光的比例。这定义为物体或表面的反射比（即反射系数）。为了建立正确的光的颜色的色调，进而有了三元素：来自光源的光的颜色，物体或表面的固有色和物体表面的反射比。

芒塞尔（Munse11）人们最早传递有关色彩的信息只使用了色相，后来才知道相同的色相还有明度和彩度的区别，为了准确地表达色彩的色相、明度和彩度就必须将对色彩的定性认识上升到定量认识的水平上，于是出现了表色系统等。常用的表色系统有 L*、a*、b* 表色系统、Munse11 表色系统、XYZ 表色系统等。

Munse11 表色系统，这个表色系统于 1905 年由美国人 Munse11 发明，其特点是使用色相环和色标表现物体的色相、彩度、明度三要素。Munse11 色相环上的各种颜色分别编为 5Y(黄色)、5YR(黄红色)、5R(红色)、5RP(粉红色)等记号。

Munse11 色标的纵轴表示明度，横轴表示彩度。其颜色色调为三维颜色模型，其中心轴代表纯度，从它发射开来代表色相（按围绕轴周围的位置）和明度（按照发射的长度）。

并不是所有的光都和太阳一样白。特别是人造光都是有某种支配色，这些白光上的变化，大大地改变了人眼从某一色料接收来的反射光。人们把衣服拿出商店到日光下去看看织物颜色的老习惯，正是以自然光与人造光的差别为根据的。又如，日光灯因不反射什么红光而常常使皮肤变成不健康的青灰色。反之，蜡烛光始终是妇女们喜爱的照明。因为它能给最苍白的脸庞罩上一层玫瑰红晕和温馨的感觉。不管光的颜色如何，值得重复一提的是：色素能做的只是对光进行反射、吸收或选择性的透射。

1	2	1. 日本广岛博物馆入口的过渡区域的照明，使进入展厅内部的观众有一定的适应过程
	3	2. 不同角度观赏雕塑作品有不同的感觉，它不单单是作品造型的原因，"光"也起了一定的作用
		3. 这种光色溶入到马蒂斯的作品中去了
4		4. "光"与"影"

在人眼中所产生的一个总的感觉仍然是白色。日光的能量分布得相当均匀，仅在绿色长处稍微强一些，北极光，艺术家们所喜爱的一种光源，因为通过大气层时，空气中的分子能散射蓝色的短波长，所以蓝光占优势，白炽灯发射的红光要比蓝光多得多。日光灯只在水银蒸汽受激而产生的几个特定波长处发射出大量的能量，再由它们激发灯内的白色涂层，以较低的强度发射出光谱中的其余部分。

人眼的颜色感觉不能按照描述光的那种简明精确性予以说明。人类的视觉有它自己的规律，而视觉过程还受眼睛、皮层生理学和人类心理学的影响。主观反应是人对感官体验的描述，无可避免地成为科学的一个问题。例如光波可分别地或联合地用波长和振幅量度，作精确的描述，但要描述人眼看到的东西，只能凭借三个不确切的名词：色调，亮度和饱和度。

色调是颜色的名称，如红、绿、蓝、黄等等，因此它与波长有关。亮度是说明颜色是鲜亮的还是阴暗的一种方便说法，也是表现强度的一种描述，例如黄色看上去是一种亮，而蓝色则不然。饱和度是指一种颜色的纯度或浓度，也就是在混合的颜色中，白色含有多少，深蓝色看来是饱和的，但粉红色则不然，幸而在色调与波长之间，亮度与光强之间，饱和度与光的波长纯度之间，存在着颇为密切的对应关系。

颜色恒常性的另一个重要方面与提供观察者的那些暗示有关，这些暗示即包括照明特点、阴影和物体周围的对比色、物体的物理性质及其与其他物体的关系。例如一个红色的箱子一部分被阳光直接照射，另一部分被阴影遮住，人就会作一种自动调节，把箱子看成有同一颜色。

1.1.3 光的混合

光的混合是指颜色光的混合。是一种相加的混合。由几个颜色光组成的混合色的亮度是各种颜色光亮度的总和。颜色的相互混合应用于同类型的光源的混光照明。颜料混合，可同颜色滤光片的组合与上述相加混合不同，他们是相减混合。当两种颜色混合或两个滤片重合时，会有重叠相减的效果，并且相减混合得到的颜色总要比原有的颜色暗。

我们要掌握光色混合的规律，一定要重视颜色相加混合与颜色相减混合的区别，而不能误用一般色彩学配色的经验。

$\dfrac{1}{2}$

1. 处理过的自然光并不刺眼
2. 美国"自由钟"博物馆用玻璃制作的展墙与展板让自然光充分的进入展厅

1.1.4 光 源

发出照明光的物体称为光源。光源有二大类：太阳光和灯光。

太阳光的稳定性差，常受地域、季节、气候、时间、场所、方向等因素的影响。因此采用太阳光作为光源，应选择上午10时至午后14时，北面窗户射入室内的太阳光相对比较稳定。此时光的色温约为5000—6000K，"K"是表示色温的单位。一般来讲自然光主要是来源于太阳光，所以也有人称为太阳光。

灯光有白炽灯、日光灯等多种多样。其中标准光是特制的一种光源，色温为6500K简称D65。标准光是由国际照明委员会规定的，稳定性好，不受季节、时间、气候等因素的影响，是进行色彩学研究的必备装置。

影响测色、比色的因素：人们在观察、测定、比较颜色时有时会出现误差，下面是造成误差的可能原因
1. 光源的种类
同一种颜色的物体在日光下和在灯光下呈现出不同的颜色，在白炽灯和在荧光灯下也有不小的差异。
2. 光源的颜色
同一物体在红光照射下显示偏红的颜色，在蓝光照射下呈现偏蓝的颜色。
3. 物体的背景
在不同颜色背景下，同一物体也会呈现出不同的颜色。

注意观察您会发现作品用光与说明牌用光的区别

作为自然光的辅助光源最好采用同一
色调的光源

4.照射光的角度

照射光到达物体表面的角度也会影响颜色的效果。

5.观察物体的距离、角度观察物体的颜色时，人眼至物体表面的距离和角度也都是影响颜色的因素。

6.观察者对颜色的感受性人们对色彩的感受性差异较大，经过训练和未经过训练的都不一样。测色、比色的条件为减少测色、比色的误差应注意如下三个条件。

①.统一的光源

有条件者最好使用标准光源。没有标准光源时使用太阳光，要求在白天10—14时，室内北窗旁。

②.照明光的角度

照明光的角度应选45°角

③.观察者的角度和距离

人眼至物体距离为25—30mm，角度为90°。

从几个世纪前，乃至今天，最广泛、最容易得到的光源仍是太阳光，白天为直接的太阳光，晚间是来自月亮的太阳反射光，而太阳光可以改变其光强和颜色，原因是诸如天气方面的大气条件，并取决于观察者在地球上所处的纬度。太阳光仍是我们判断照明效果的绝对标准。计算机使用一种恒定的太阳光线来分析照明不足的场景已引起争议（如黄昏），以更多的相同方式，我们能寻找和看到诸如电影和照相单色图像，我们的朋友或喜爱的好莱坞明星突然变得十分的苍白，而不是皮肤颜色的脸，且他们的衣服已变成单色。

人工光源是以油灯和蜡烛开始的，两者都发射一种较太阳光线更红的、更温暖的光。仅是在19世纪80年代才发明了第一个电子灯（白炽电子灯的原理是美国的托玛斯·艾迪生和英国的Joseph Wilson Swan先生在1880年独自研制开发的）。

作为光源的补充者——蜡烛的历史作用继续保存于照明技术的术语中，很长一段时间光的输出是以蜡烛的能量来测量的，现代公制的术语是光强度，即一种光源发射光线的能量的测量，术语

自然光使油画作品的颜色更真实　　　　　这种处理使"光"有不稳定感觉

"foot-candle"（烛光——照明单位）在美国仍在使用。光的测量按以下四个阶段进行：测量光源，当光通过空间行进时，按在其到达表面上，从表面反射回来进行测量，烛光（candela）是现代单位，这是计算的基础。烛光是以对于一个立体圆锥角或光源球面度（立体角单位）的一个流明输出（流明为光通量单位）来计算的，一个表面上照度水平是以1x（勒克司：照明单位）或每平方米表面的流明数来计算的。注：candela（新）烛光，堪德拉（发光强度单位，=0.981国际烛光）。

1.2 光与审美信息
1.2.1 信息、审美信息与光的信息

一、信息

信息是人类科学史上出现过的三个最基本的概念，物质、信息与能量之一。信息系统是传输和处理的对象。凡是有次序的符号排列（包括语声、光、字、数据、状态等）都荷载着信息。

几乎所有的动物都能在某种程度上对信息进行处理，不过人类在处理能力及与他人分享信息的能力上要远高于其他的动物。如：人类可以把复杂的语言符号有机地存储起来，甚至可以用它处理更复杂的信息内涵。

光的魅力　　　　　　在强烈的背景光下，展品显得格外厚重　　　　　　顶部斜侧窗的光源比起高侧窗的光源要实用得多，而且效果要好得多

自然光的合理利用

二、审美信息

审美信息这个概念是由信息论美学的创始人莫尔斯首先提出的，他认为信息有两种类型：语义性信息和审美性信息。前者以信息的内容的意义为主，后者则是具有审美价值的信息。信息可以分为若干层次，但一般讲其排列是有序的。例如，一个好的照明作品带来的是信息可以区分出许多的层次，在最基础的层次上，是物理意义的结构。包括光的形式、性质，被照射物体本身特性，环境的影响等。在它之上的是设计师的设计目的，审美要求，各种复杂的因素。进一步我们可以分析出要采用的形式、手段，还有情感因素等。在每一级是水平上都可以发现一种形式按一定的方式进行排列。这样观众就可以将这部作品当成一种有机的视觉符号来感知。

审美信息是较高层次的信息，它是基于物质信息之上的精神信息，不可以脱离物质信息而存在，因此有人说它是一种"特殊的物质——精神信息"。是更高的高度上对不同层次的信息整体掌握。

三、光的信息

进入新的世纪，我们来到了信息时代。社会已是一个信息的社会，人与外部世界所"交换"的内容复杂多变，人与光之间也存在着同样的关系。光同我们的物质世界构成了信息的载体，这种信息为人提供了包括物质性精神性的多层次、多方面的内容，包括文化、历史、生理、心理等等意义的"审美信息"。光的信息在人类与物质世界的交流中起到了重要的媒介作用。

信息是传播的材料，光的信息可以由多种媒介传播和接受。但对于我们人类来讲最主要是通过视觉渠道进行的。审美信息也是如此。本章所讨论的有关光的信息内容也是主要涉及审美信息的范畴。光的审美信息有别于物质信息，我们在研究光的审美信息时必须把它同许多物质构成的信息的载体联系起来。只有这样才能较为客观的了解光与审美的关系。同时对于信息的接受者，这一概念的范畴应缩小至欣赏者的层面上。如此加以限定，可以使我们的研究在一定的限度上得到简化并使问题的重点集中起来。就光的物质功能相关方面的问题过去已经有过不少的研究，而对光与光的精神功能相关的诸如光的审美方面的问题的研究却比较少。这方面的研究与对光性质的理解、运用、欣赏都是十分必要的。

本节希望结合这两方面的内容做分析，方便下面对这一问题的理解。

太阳光照射下的雕塑作品有着温暖的感觉，这尊石雕像仿佛有血有肉，非常生动　　　　　点光源照射下的展厅效果

1. 自然光下的平面图版不能直接在太阳强光照射中，以免造成反光，使阅读困难
2. 通过防紫外线的玻璃，能过滤大部分有害光
3. 请注意观察自然光给建筑带来的丰富的造型和纯朴的质感
4. 不同材质对"光"的反映不同
5. 这种"光"的利用使空间有一种神秘的感觉，较为符合它的展示内容"佛教文物"

自然光照射下，白墙上留下的影子，使
整个空间生动、活泼

1.2.2 光的审美信息传播

对光彩夺目的审美信息传播的研究，重点在于审美主体与客体（即观众和光的作品）的研究，对于照明师来说，这两方面的了解与认识都是至关重要的。

一、对审美主体的研究

一般来讲，对审美主体的研究包括人的"审美生理——心理机制"，对于光效果的审美感受、欣赏的态度、观众的心理特征（包括不同心理类型、审美趣味的划分）等许多方面。

观众的心理是多样的，有赶时尚的，有保守一些的，有自主意见的，也有容易受到别人影响的，有较敏感的，也有麻木些的等等。有人把观众的一般心理划分为"分享型、旁观型、性格型、联想型、运动型、思考型、情绪型"等。并且，他们的年龄、职业、修养、动机等也都影响着构筑审美活动的心理特征，审美态度及感受效果。

另外除了欣赏的主观因素起决定作用外，环境与社会性的影响也是不可忽视的。因为通过长时间持续的影响可形成审美习惯的社会定势，例如审美的潮流，人们对审美水平螺旋形上升等规律已形成了的社会定势，并随着时间这些观念将不断的变化。所以在我们的陈列对光的运用时，应当充分考虑到审美主体与客体——就是观众的感受，把他们看成是积极的，要给他想象的空间和选择的余地，让他们在欣赏过程中能更好的理解我们的设计意图。

1. 这是全人工采光的普通 "光" 处理方式。我把它称为 "寻找视觉" 的方式，就是吸引视觉的做法
2. 在这种光线下，观众好比另一件油画作品
3. 在 "光" 的照射下，不同材质的物体表达不同的感觉
4. 内外用光的平面效果

观众对信息的态度可能是接受，也可能是不接受，因此设计者对素材（光、陈列品、展示设备等）的安排要特别斟酌，抓住用光的要点，因为对光的审美信息必须有轻有重，只有这样才有可能让观众更好的理解设计者的意图，在反复的比较、权衡之后才能得到最佳的设计方案。

对审美客体的研究

审美客体即是观众欣赏的对象，这当中包括光、建筑、陈列空间、陈列设备、陈列品等方面，也包括作品的风格、特征、构成、造型等方面，由于作品（陈列展品，这里指的 "作品" 是陈列 "整体"，对设计者而言就是作品）是审美的关键一环，是设计者的中介，所以对审美客体的研究是必不可少的。

但无论对光的审美主体或是客体都不能孤立地去研究。二者本是相互依存、不可分割的，当观众接受审美信息时，他们的心理机制和整个光效的作品（包括：建筑作品的合格机制、展示空间的机

制、展示等同光的结合）达到契合。当然他们对作品本身的审美态度很大程度取决于作品本身的审美价值，所以对审美的客体的研究是不可脱离审美的主体。要把其放在与主体复杂的心理机制中去研究。

1.3 光与审美思维

一个被光线均匀照射着的物体，我们从根本就看不到任何表现它从另一个地方接受了光线的迹象。它的光线完全是作为它自身的客观性质显示的。同样的道理，也可用来说明一个光线均匀的房间，如：当我们在一个黑暗的陈列厅内观看一个明亮的展柜文物时，不一定就能感到这个展台是受到了一个外来光源的照射，而当展柜的光线分布极其均匀时，它看上去就像是一个自成一体的极其明亮的空间。这种景象，与照射时发生的景象显然是两回事情。

在心理学和艺术中所说的照明，就没有必要去设计一个真实的光源。这个光源或许是客观存在的，但是我们看不到它的照射，正如我们在一个亮度均匀的物体上看不出光源的照射一样，另一种情况是，虽然我们在物体上看到了照明的作用，但是看不到与之相对应的光源。

1. 自然光与人工光的合作
2. 窗户与过道有一定的角度所以自然光进入过道时，光线
   显得很柔和，没有生硬的感觉
3. 在阳光下，城堡极为丰富多彩
4. 利用泛光或光反射板能使文字板受光均匀
5. 光的魅力是建筑的灵魂
6. 从上至下用光必须掌握光照范围，防止过多的光污染
7. 柜内的光和柜外的光毫无影响

由光线产生的空间效果是奇特的，既是虚拟的，也是实在的，既是感觉的，也是被视觉的。当我们知觉到光线下的阴影时，就意味着我们已经把式样分离成两层，下面一层，是有着均匀的亮度值和色彩值的基底，上面的一层就是含有一定的密度梯度的薄膜。我们拿格尔克和拉欧所设计的一个实验为例。在距离被试者一定的地方放置一个外部刷成白色的木制圆锥体，这个圆锥体的基底的直径大约有5英寸，在试验开始时，先是把这个锥体躺倒，使它的垂直轴与被试验者的视线一致，在此之后又让这个圆锥体承受从各个方向来的均匀光线的照射，这时候，被试验者看到就不是一个圆锥体，而是一个白色的圆盘，然而当试验者让这个圆锥仅承受从一个侧面来的光线照射时，它看上去就又是一个圆锥体了。很明显，在试验者用均匀的光线照射这个圆锥体的时候，如果把它看成是三度的，就不会使它的结构简化，而在这个圆锥体处在从侧面来的光线照射下的时候，就会把它知觉为一个三度的圆锥体，虽然出了一个与不均匀分布的阴影相分离的均匀同质的白色表面。第二，它将灰色的阴影转变，使它具有了向第三度伸展的特征。正如在线条透视中轮廓线的集聚看上去不是这件事物的形状特征，而是这件事物在深度上的倾斜所造成的结果一样。事实上，普通人对这些阴影往往是不注意的，他们总是觉得这些阴影无足重要。在一般的场合下，即使当要求他们对自己看到的某一物体的外表加描述时，他们也根本不会去提及它们。举例说，当我们观看一个光线照射不均匀的房间内部时，就往往会发生这种情况。然而在这种普通的房间里，确实是存在着一个从光源开始一直向最黑暗角落里伸展的亮度梯度。每个陈列设计者都很清楚，这样一种不均匀的照明，对提高深度效果是多么有用。因为这样一种不均匀的照明法不会被知觉为光线本身的性质，而是被知觉为被照射事物的空间特征。

1.3.1 光线的象征性

光线的象征性作用最早应该追溯到人类刚刚出现的历史时期，在人的视知觉中，黑暗看上去并不是光明的缺席，而是与光明直接对立的积极的要素，在许多国家的神学教义和哲学准则中看到，白天和黑夜变成了象征善和恶的两种对立的视觉形象，在文艺复兴初期光线基本上被用来创造立体感。在这个时期的人们看来，世界是光明的，每一件物体的光辉都是它自己发出来的，而阴影的作用就是暗示物体的三度特征，光不再仅仅是一种装饰品，而变成了人们从现实中感悟到真正的光能，由最高的部分和阴暗的部分组成的那种美的景致，也被转变成一种象征或启示。

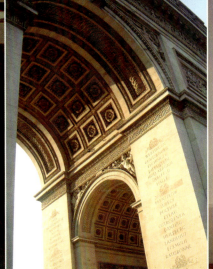

1	2	3
4	5	6

1. 上海科技馆用灯的展示牌
2. 能够调节自然光照度的帷幔
3. 浅浮雕用光
4. 上海科技馆大面积采风玻璃幕墙
5. "光"的高贵之感
6. 白天与夜晚观赏这几根柱子感觉不同，那是因为白天"光"是从上而下，晚上"光"是从下而上

要想使一件物体发出光芒，不仅物体本身需要具备一定的绝对亮度，而且还要使它的亮度超出周围一切物体的亮度水平。这就是说，即使一件本身相当黑暗的物体，只要放置在一种比它更加黑暗的背景之中，它也会呈现微弱的光芒。此外，一个物体看上去是否在发光，还要使它本身的亮度看上去不像是由别的光源对它照射的结果。要想消除这种印象，就必须把它的阴影除掉或者是把它的阴影消除到最小的限度，除此之外，还要使最明亮的光线出现在物体本身范围之内。

然而对于一个发射光线的物体来说，它的存在，并没有被它的边界线范围之内的这个表面限制住，而且它的外部表面的边界在眼睛看来也是十分不确定的，它的光线看上去似乎是从物体内部的一个不确定的地方发出来的，如果它发出的光线的明亮度比周围事物的明亮度强烈得多，它的表面纹理就再也看不到了，而纹理的消失又会反过来加强放射效果。

黑暗与光明的象征作用和表现作用则是通过物体自身的种种内在特征体现出来的，象征和表现的任务就由光线的照射和阴影的对比担负起来了。

"光是一种建筑材料"

这种材料背面用光能使文字更加醒目

上海科技馆公共空间的墙面用光1
上海科技馆公共空间的墙面用光2
上海科技馆公共空间的墙面用光3
上海科技馆公共空间的墙面用光4

物体的最终形象是由物体的形状和光线二者相互作用生成的，这种最终产物，实际上是具有很大的偶然性的，因为在这两种因素（形状和光线）之间并不存在着一种永恒不变的关系。光线是按照自己特有的方式照射到物体上面的，而物体在不同的条件下看上去又是相当不同的，结果，由于照射作用的出现，又在它的原有的偶然性和流动性的基础上增添了新的偶然性质，这就是由透视作用所产生的那些性质——使物体具有偶然性的方向和变化不定的变形形状，这也是光的魅力所在。在光线照射部分和阴影部分也看不到什么特殊的色彩，当一个物体从面向光源的位置转变为背向光源时，它就变成了一种与原来不同的色彩组合。

1.3.2 光的表情与情感

在日常生活经验中，光线是帮助我们知觉空间的最重要的标志物，但在通常情况下，我们并没有把它们作为一个独立的视觉现象来对待，或者至少没有把它当作各种物体的一个不可缺少的性质，因此，在早期的视觉艺术中，光线得不到表现是毫不奇怪的。对于灯和太阳这样的光源的描绘，也仅仅是为了显示它们正在发射光线的事实，而不是标明，只有受到这些光线的照射，物体才显示出来。为了把一个物体的球状特征表现出来，人们先是在画面中加入阴影，后来又使用了明暗的对比。在物理空间中，这样的效果是光线的照射作用产生的。在陈列设计中，在强调光线作用的倾向与强调形式作用的倾向之间，总是存在着对立和矛盾。

一盏放在地板上的灯可以使建筑产生一种幽灵般的气氛，同时照出石头的纹理，天花板和墙壁质地的顶光，把屋舍渲染得富于神奇和肃穆。光线是可变因素，所以，建筑的要素——整体表象的构成要素——由于光线改变将造成根本性转变，必然在允许的范围内，呈现自由的有把握的无限变化，特殊的光线产生出新的形式，而所有的形式都是美的。

〈一〉光在艺术中的感染力方面是直接的，并不需要很多背景知识，光能培养出：
　　1. 有文化教养的眼睛
　　2. 敏感锐利的眼睛
　　3. 充满智慧的眼睛
　　4. 富于审美力的眼睛
　　5. 热爱艺术的眼睛

1	2
3	4
5	

1. 平面用光注意上下画面的均匀
2. 利用自然光来塑造形象
3. 自然光也会有一定的弱点，使展品褪色而苍白
4. 材质的不同能使观众有视觉的差异
5. 点光源的使用会使平面的东西变得有立体感

1 | 3
2 |

1.自然光下的物体有较强的真实
2.点光源照明
3.每个细部都能看得很仔细

　　"光"的运动把时间因素引入了作品，就像各种作品中都存在运动一样，各种作品也都存在着时间的因素。作品本身也许不变动，在这点上讲它是静止的，但它需要时间让观众明确其内容，任何有价值的作品都不会立即全部地显示出自己，这也许取决于眼睛视线的运动速度，以及视觉表现和暗示上的快慢、连续和停止的运动。

　　投射出来的红光和绿光混合起来是黄光。但红和绿的颜料混合起来都是灰色。绿色颜料吸收除了绿色波长之外的全部其他光谱波长，红色颜料也是这样，而把两种色彩混合起来，各种颜料就会或多或少地吸取或减弱投射在上面的各种光谱波长，于是我们看到灰色颜料在混合后减少了明度，颜料混合后并不总是产生灰色，因为大多数颜料能反射的不只一种色彩波长。紫色颜料反射红和蓝、黄色颜料反射红和绿等等；另一方面，彩色光如果要混合和补充另一种彩色光而构成白色光的话，它必须补充它所缺少的那部分光谱色，彩色光在增加混合后，它的明度不会减少，红光和蓝光混合，将产生洋红色的光，再加入绿光，则变成白色。

这个色调让人很温馨　　　　　　　通过下面的影子您能想到"光线"
　　　　　　　　　　　　　　　　照射的角度吗

```
   | 2
 1 |———
   | 3
```

1.用水造型可增加自然光的照射面积
2.让观众感觉不到对光的"特别"使用
是设计者对"光"有独到的领悟
3.上海海洋馆

如果彩色光投射在同一的色彩颜料上，颜料色彩似乎会显得消失了，至少变得极微弱，如果色彩颜料是混合的，它包含的一种颜色又和投射在其上面的彩色光相同，这个颜料色将向彩色光的色彩倾向偏移。洋红在红光的照射下显现为非常明亮的红色，在蓝光的照射下则变为明快的紫蓝色，如果在一个彩色图案上投射不只一种彩色光，会产生更为复杂的效果，由此我们可以了解色彩颜料和彩色光的结合，开创了何其众多的可能性。

视觉闪现

当眼睛接受了强光源之后，一个黑的形状，外轮廓正如映入人眼的光源，在人的视觉空间里飘浮，当眼睛看着墙那样的浅色背景，它是黑色的，但当眼睛受到了强光刺激后的几秒钟以后，在暗中它又会看上去很亮，这被称为正的视觉残像，表现了视网膜和视觉神经在受了刺激之后的激动延续，而那黑的残像则称为负的视觉残像，显示出由于感光体的泛白，而相对地失去敏感性的那部分受了刺激的视网膜。

1. 平面用光应注意角度
2. 对玻璃上的图片照明是很难的，与灯具、照明角度等都有关系
3. 自然光经过处理能使展厅里光照均衡
4. 展厅的指示牌应有一定的照度
5. 用"光"醒目而高雅
6. 内打光的灯箱平面图版

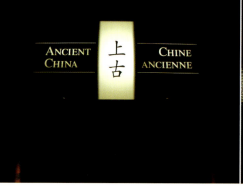

视觉暗示

色彩是琴键，而眼睛就像锤子那样敲击着它，人的灵魂就是那具有千百根音弦的钢琴。

蓝色沉静，黄色则尖锐、好斗、甚至是狂躁，蓝和黄构成了热和冷这两个各种色彩都倾向于的对立极，当形成对比时色彩构成一种活动。暖色向观众移近而冷色后缩，同样，淡色偏向白色而靠前，深色偏向黑色而退缩。

视觉联想

在不同物体上反射，运行的光线中创造空间形体，它必须绘入一种在四度空间中感觉超越时空的印象。

从生理学来说，视觉始于投射到视网膜上的光的刺激，视网膜上有数以百万计的感受器，这许许多多的点状记录还需在一个统一的意象中组织起来，这个意象最终由在空间中据有不同位置的形状、大小、颜色各异的视觉对象所组成。

而在视觉和听觉中，形状、色彩、运动、声音、光线等等，就很容易被结合成各种感觉而成了理智活动得以行使和发挥的卓越的媒介和场地。视觉还会得到触觉帮助，但触觉却不能反过来借助于视觉。这主要是因为它不是一种远距离感觉。它只能通过直接接触，一尺一尺或一步一步地去探查事物的形状，它费尽全力才能建立起一个总体的三度空间概念，而这样一种工作对观赏却不费吹灰之力，转瞬完成。更进一步说，在它所探查到的东西中，没有那么多大小和角度方面的变化，也没有视觉领域中那些使之变得丰富起来的重叠、透视等关系。视觉之所以能做到这一点，那是因为视觉意象是通过光线投射作用从远距离之外的物体上获取的。视觉的一个很大的优点，不仅在于它是一种高度清晰的媒介，而且还在于这一媒介会提供出关于外部世界中的各种物体和事件的无穷无尽的丰富信息。由此看来，视觉乃是思维的一种最基本的工具。

点光源照明

2	3	4
	1	

1. 暖色调的图版用暖色调的光照明，十分协调
2. 盖蒂中心平面图版和平面作品的照明效果
3. "光"的述说之感
4. 光的魅力

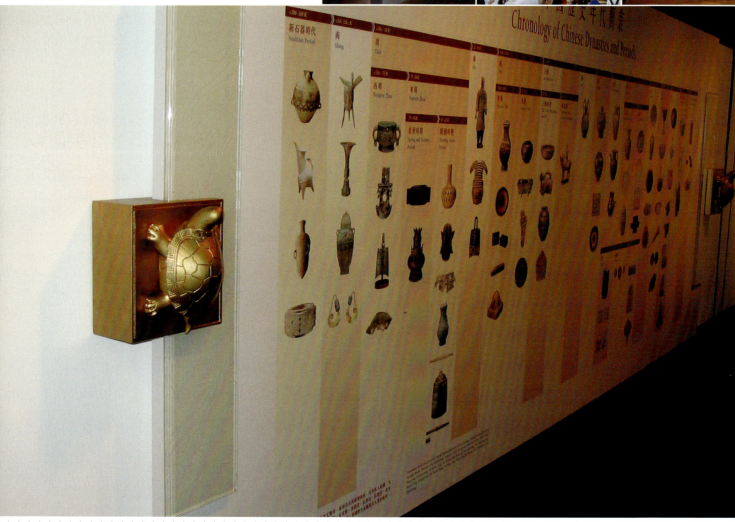

眼睛看到的只是一团混乱的光线照射，耳朵听到的只是连续不停的嗡嗡声，人的全部心理功能便呈紊乱状态，他的社会调节、平衡能力和思维能力均会受到极大的损害（当视觉、听觉、触觉和幻觉仅仅是一些不成形的刺激时，就会产生上述情况）。

如阳光照射时那种永不变化的色彩，很容易从意识中消失，正如一直出现的某种噪音或气味再也引不起人们的注意一样，当一个人因不得已去审视一个特定的图形时，他就会利用任何一个机会去变更它或偏离它，以便看到其中的变化。如果让眼睛紧盯住一个图形，不作任何扫视活动（在一般情况下，都要经常扫视），这一式样很快就会消失。

1.3.3 亮度与形状本身

从一片白纸中感受到的亮度，其实是从它在整个亮度梯度——从视域中最亮的值到最暗的值中的位置（或层次）中"推衍"出来的。这就是说，我们接受到的不是一种绝对的亮度值，而是一种相对的亮度值。

同样数量的反射光线，如果反射光线的物体是处在视域中一个较暗的拐角处，它看上去就成了相对说来较亮的物体，如果它是处在视域中一个较亮的拐角处，就被感知为一个相对较暗一些的物体，这类效果一般是由不均匀的光线照射造成的。举例说，如果一个房间的一端因为靠窗或因为灯光度数大，看上去很亮，另一端因为远离光源，所以看上去较暗一些，在这种情况下，我们便可知道必须加以处理的是一种次一等级的相对性。

在视网膜投影中，一个物体的投射形象一方面取决于物理对象自身，一方面又取决于这些对象所在的环境，而这个环境的一个重要组成部分就是观看者自己，这两种因素在视网膜映像中是统一的，虽然在知觉中可以把它们分开来看。这主要是因为背景和对象本身都是一些大的有机的整体，而不仅仅是各个细小部分的混合或相加。因此，只有某一特定背景中的亮度值或颜色值被感知为一个有秩序的等级序列时，一个对象本身的亮度和颜色才能在这个序列中找到一个特定的位置，这种情况同样也适合空间中的层次或序列，就是说，只有一个对象自身有一个可以理解或把握的形状时，这个形状才能同那个同样组织得很好的透视系统强加于它的变形或歪曲的形状区别开来。

1	1. 外打灯的平面效果，可以把复杂的背景与前图分开
2	2. 斜置的说明牌容易受光
3	3. 吸光材料的文字特别清晰
4	4. 从这张图片可以看出，设计者没让一丝光线浪费，用得特别合理

那种致力于剥离背景的影响，以便得到一个纯粹的和未作任何歪曲的物体自身。这样做的结果，是看到一个恒常不变的物体，即便看到某种变化，这种变化也是从它自身生发出来的，这就要求观看者敏感地抓住物体所在空间位置和光线照明等等信息，并进一步利用这些信息把背景的作用同物体本身的特征区分开来。

任何一件物体，如果没有某些光源的照射（这些光源都有自己的颜色）就无法显示出自己的本色，如同一件物体本身的重量，假如没有地心引力的作用，就永远不会存在。

在知觉领域，说明这种情况的最好的例子是审美态度。一片风景或一幢建筑物，它的外观或样式在不同时间和不同情势下会经历种种复杂的变化，例如，早晨就同晚上灯光照射下看上去不一样，在风雨天和下雪天，在夏季和冬季看上去也都各不相同，外观上发出的这种变化会给我们提供两种方便。一方面它可以为我们呈现出无限丰富多样的景象；另一方面又可以通过将事物露在不同情景中而验证它的本性。

视觉及产生视觉所必不可少的光，在科学史上一直位于最吸引人的课题之列。

光能引起眼睛的反应，每一个物体都是因为有了光才看得见，这些光或是由物体本身发出，或是由物体反射。那么，什么是光呢？那些从太阳、灯泡、蜡烛、萤火虫和焰火中喷涌出来，五彩缤纷千变万化，神奇的光灿灿的东西是什么呢，多少世纪以来人们一直在苦苦思索这个问题。古代的中国人利用太阳光给物体所带来的阴影来确定四季和推算时间。

古希腊人认为"光永远以直线行进"的观点是否对呢，斯内尔说，绝不矛盾，光线入水弯曲的情形只能说明光线进入一种新的介质时，由于某种原因而发生偏转。光在空气中沿直线行进，到达水面时就改变了方向，在水下的方向虽然偏转了，但仍旧沿着一条直线进行。

1
2
3

1. 在平面文图的选材上尽量采用吸光的材料
2. 油画作品在不同的"光色"中，颜色会感觉不一样
3. "光"白天你可以享受它，晚上你可以想象它

1
/
2

1.自然光与人工光融合得天衣无缝
2.面积较大的平面图版要注意光的均匀，
从上而下用光不能变化太大

（牛顿认为）白光包含各种颜色的光，他看见有一些彩色环依次围绕着中心接触点：黑、淡蓝、亮白、橙、红、暗紫、蓝、绿、亮黄等等，这不是普通的光谱，各种颜色按照自己的某种奇怪逻辑，杂乱地互相混合在一起，如果他用纯红灯照亮玻璃，就得到红黑交替的环，用蓝光去照，就得到黑色和蓝色的环。环与环之间的距离由颜色而定。蓝环之间的间隔要比红环间隔小。

光不但从一个光源向各个方向辐射，而且从灯泡的每一点向各个方向辐射。

原来光这种充满宇宙的既平常而又神秘的东西，只不过是电磁波谱中很小的可见部分。它既有波动性，同时也具有颗粒性，这两种性质是同一现实的互相补充的两个方面。只有通过这种光能，丰富多彩的外部世界才能传递到人的眼睛。

光都要以某一角度进入新的介质，垂直地进入是不行的，角度大小决定光折弯的程度。

从一块偏振滤光片上切下四条偏振片，以表示经过滤波与未经滤波的光之间的差别。把这几条偏振滤光片与原来的一块偏振滤光片以递增角度方式放置，它们阻断越来越多的光，实际上没有一点光能通过这个复合的滤片了。

眼睛受到的光照大约是需要量的10倍，那是很不舒服的，这样一种眩目的强光叫做"炫光"，可能是强烈的日光，但是经常的是由水、玻璃、金属、雪或沙的表面反射的阳光或灯光。这些表面不是把光漫射到各个方向，而是吸收了一部分，把其余的特别是那些水平振动的光波反射回去，科学家把这种选择性的滤光过程叫做偏振。

看远处的目标时，瞳孔就变大，以便放进更多的光，好几个世纪以前中国玉石商就已经知道这一点，这些商人向有希望的买主推销玉石时他仔细观察顾客的眼睛，一旦看见对方的瞳孔稍许放大，他就知道买主看中了给他看的货，于是就抬高卖价。

梨園探知館

À Descoberta
da Ópera Chinesa

Discovering
Chinese Opera

exposition du 19 octobre 2004 au 16 janvier 2005

点光源照明

"光"与"

眼睛一次只能注视一个目标，这可以用简单的实验来证明，如果通过距离眼睛约15厘米的蚊帐布去看60厘米远的一本翻开的书，则只能清楚地看见蚊帐布的网眼，或只能清楚地看到书上的字，两者不能同时都看得清楚，字就模糊，反之亦然。如果同时看两个离眼睛很近的目标，调焦就比较费力。

光量不是决定看一个物体是否清楚的唯一因素，颜色也是很重要的。视维最容易对光谱的黄——绿部分起反应。视　虽然只引起黑白视觉，但对光谱的蓝——绿波长则反应最好。结果是虽然白天看一朵红花和一朵蓝花同样鲜亮，但晚上就不同了，因为在黑暗下，视　易对蓝光起反应，所以看起来蓝花要鲜艳一些，而红花看起来几乎是黑的，这是因为正常情况下对红光起反应的视维，在黑暗中不起作用。而视　对红光又不太敏感的缘故。

自然的视觉过渡，比起人为的照明突然变化要求的适应，还是容易得多，一个人在户外阅读，光线逐渐变暗，他仍觉得清楚易读。但是假若另一个人在这个时候从有灯光的屋子里走出来，他就会发现外面非常黑暗，连那个读书的人他都看不见，更不要说看书了。视觉由一个极端向另一个极端过渡时常有迟缓现象，眼睛由暗到亮的适应需要几分钟，而由亮变暗的适应则需要长得多的时间。

1.3.4 光和影的暗示

落在眼睛所能看见的几乎每一个物体上的光和影，都能向脑提供一些有价值的角度暗示、曲率暗示和深度暗示。一个白色的圆，如果在上面有合适的阴影，便有深度，而被看成是个白色的球。天文学家们研究月球上大山的影子，甚至能推算出这些大山的形状和大小。

但视觉系统习惯于自上而下的各种光照，如太阳、路灯和吊灯投下的阴影。因此，当光自下向上照射时，就会发生混淆，从下面用光照射会失去熟悉面孔的样子而变得吓人。

物体对于周围视野的相对亮度，在视觉中也起重要的作用，亮的物体若处于黑暗背景中，看上去总是更亮一些。夜晚，亮度变得特别重要，因为黑暗大大限制了视觉暗示，大脑就强烈地依靠光的相对亮度来决定它们的远近。

在画中光线照在物体上的角度与产生的阴影还能产生体积和圆度的感觉，在刺眼的正面光下观看，脸好像是扁平的，但用柔和的侧面光照明时，由于眼睛把另一侧阴影暗示的外形"充填"进去，所以脸部照亮了的一侧变得轮廓突出分明。

光和影的第三种用途是绘画画面带来一种情绪的感觉，没有这种感觉，画就成了象的简单复制品，人们总是把光亮同温暖和"善良"联系起来，而阴影在习惯上则用来代表黑暗和"邪恶"，光的亮或暗所以创造出一种情绪气氛。

〈一〉光的三种用途：深度、形态和情绪。

光照的设计不仅要解决对物体的照明，更重要的是创造出想要得到的情感效果。

情感性颜色和情感性光照都用来创造让观者产生某种情感的氛围的。

1	2	3
	4	
	5	

1. 在同一个平面上采用两种照明方式
2. "光"把材质的机理和作品的厚重感均表现来了
3. 这种用光方式效果极好。既能看清文字，不影响周围的环境
4. 利用上部泛光可同时照射到墙的展板下面的体和说明牌
5. 自然光的充足，应合理利用其条件来展示物，这样可最大限度的还原文物的固有色

大面积的素色浅浮雕采用洗墙
灯能全面表示出作品机理

光把环境色也带入了展厅，带给的作品

光的魅力

　　"灯光是一种建筑材料"，这是一个对于建筑师的劝告，认真考虑灯光的同时，也要考虑油漆材料，一个人可以调集豪华的建筑材料，但是如果他忽视了灯光，那么他们的计划肯定会成为泡影。另一方面如果设计师把灯光作为一种材料，建筑材料会具有超过其内在价值的有效价值。

　　1.设计光是为了证明时间的流逝。这表达了一种通过光的设计抓住光的变化的愿望和创作一种清晰的连接一个个镜头的文学剧本。

　　2.光应该体现在建筑和城市中，是一个表达了尽可能创造有生气的灯光环境的愿望的陈述。

　　3.光应该被设计成像自然的一样，暗示了灯光设计者必须充分地理解和以一个光的观察者的身份事实求是地运用工作中的结构观念，光的流畅效果是探索什么对人的眼睛和精神更自然更柔和的结果。

　　4.灯光设计应该是符合生态学的原理，一个生态学的思想形成或观点是我们倡导的环保和减少能源消耗的原则。我们坚信一个精美的灯光设计必然会懂得节约能源和成本。

　　5.让光对感官有吸引力：灯光设计不仅仅起到实用上或功能上的作用，而是具有直接地吸引人的精神和感觉的能力，我们在追求光的艺术表现形式上，自由地运用灯光设计原理，采取紧跟当今世界潮流的态度。

〈二〉光是材料，光是手段，是表现形式，是陈列设计中的灵魂，是空间的创造者。不同的材料，包括石头、砖、钢材、玻璃、木材、瓷砖、灰泥、纸和布，给陈列展示提供了不同的质感，灯光同样也是，并且有时在决定效果上是一种更具有影响的因素。甚至它能提高或破坏建筑材料的价值。

空间的作用表明了光的特性，光可以创造超越功能的气氛，一个伴随着令人满意的光的功能的陈列空间具有感动人的魅力，陈列灯光的关键是如何不仅仅迎合生物学，而是满足人们心理上的需要，然而，还有一个令人费解的因素——氛围，氛围应该被注意到。氛围是一个不能被简单理解或解释的普通字眼，语言不能描述它，它只能被感觉到，给空间带来"令人耳目一新的氛围"是十分重要的。灯光的设计是最接近于设计时间观念。甚至当一个人闭上双眼时，当音乐的乐曲被奏响，或声音穿过空间流淌时，时间的设计可以被强烈的感觉到，然而更有效地代表时间流动的光的变化是日常生活中声音流动的十倍，正如时间的停止代表死亡，没有比身处在不变的光的环境里更令人受折磨的。

创造光的"画卷"就是要钻研建筑和人的戏剧，当时间改变时，人们的眼睛不停地转动去欣赏空间，与不同方向、不同空间的光的不同类型相比。我们如何调整一个特别空间的亮度，我们如何顺利的把这两个空间转接起来，从一个白色光的空间到另一个橘黄色光的空间？我们不能避免连续的设计。

〈三〉光等于设计阴影，设计阴影就是设计灯光，没有阴影的空间是不存在的！

可想象的灯光不能超越自然光的杰作，所有的灯光原型均可在自然光中找到，为什么我们能看见风景中的美和自然光创造的景色？为什么我们在自然光中发现灵性。没有人能正确地回答这些问题，然而我们知道存在一个真理——我们只有从自然中学习。

大的采光顶，吸取大量的自然光。在这个展厅里未安装一盏辅助灯

美国著名的索士比拍卖公司的展厅有一侧大面积的可调自然光

展柜周围的"光线"会对附近的照明有一定的影响

适合的照明方式可避免玻璃的反光和眩目

在"光"的照射下，平面作品与立体作品还是清晰可分的

美国古根海姆博物馆

利用自然光与太阳能，增加室内的照明，来控制光照度的平衡

　　光的设计不仅要考虑到自然环境，还要考虑光和生活环境的和谐，因为迄今为止光对生物的生命的所有方面有着巨大的影响，不会破坏环境的夜间灯光仍然十分重要，这是因为我们能有效地利用了地球的能量。

　　一个使人精神异常振奋的空间和一个时间安静地流淌并注视着自然光的空间，很明显需要完全不同的灯光设计条件，有时灯光设计的主题通过对环境空间的相关特性的分析被合理的推断出来，设计的特定条件的系统化和一个人在开始时采取的姿态和方向是十分重要的！

1.4 照明美学

　　在陈列灯光设计中，把照明方式与陈列设计紧密地结合，融为一体，做出各种各样的环境空间和艺术处理形式，不仅满足了使用功能，而且具有美观效果，于是照明方式与陈列设计的关系，便是创造光的艺术的主要内容，成为一种具有美学意义的表现形式，从而使光线从单纯的实用性走进了艺术的殿堂。

　　照明美学是由自然科学和美学相结合而形成的一门新兴的实用性学科，它属于自然科学的范畴，所以是对自然界规律的认识，并具有无限深入自然现象本质的能力。

1. 青浦博物馆建筑中心利用自然光展示场景，效果很好
2. 高侧窗投射的自然光通过反射，柔和地洒在作品上
3. 盖蒂中心自然光地运用适到好处
4. 从自然光的室外，缓缓的进入人工光的室内，使参观者的视觉有一个良好的缓冲
5. 光影丰富了建筑的空间，随着光的移动，空间也在不断的变化

现代科学技术丰富了灯光照明的表现力，人们对美的认识，不仅仅停留在数量、和谐、均衡、比例、整齐、对称等感性认识上，还注意揭示科学技术对于自然美典型概括的艺术之间的必然存在着的某些内在联系，两者在自然美的范畴内互相渗透、互相贯通、互相依存、互相合用，也就是说，灯光照明与美学之间的关系，通过照明美学这个中间环节联系得更加紧密了。

色彩的感觉是一般美感中最大众化的形式，因此它是灯光设计中很重要的表现手段，设计时应根据功能来确定色彩，注意环境条件，掌握配色规律调度色彩关系，以达到功能运用和最佳的艺术效果。

具有装饰与艺术效果的灯光照明工程要注意其独特的艺术语言和风格，在考虑使用功能的同时，还要体现美感、气氛、意境和时代精神，有时甚至把装饰与艺术效果摆在首位。它同一般照明相比，无论在光源、灯具选型、设计和安装方法，以及对陈列空间本身的要求等，都有所不同。在艺术处理上，应根据整体空间艺术构思来确定灯光布局形式、光源类型、灯具造型和配光方式等等。

如果没有光照，这些雕塑就无生机

自然光与人工照明的界面分明的入口

自然光也能给展厅带来宁静的观赏空间

〈一〉创造气氛
　　光线和色彩是创造空间气氛的主要因素，空间的气氛也因光色的不同而变化，对光色的选择应根据不同主题、不同器物、不同风格来确定。

〈二〉加强空间感
　　空间的感觉可以通过光的作用表现出不同的效果，一般来说：空间的开敞性与光的亮度成正比，亮的展厅空间感觉大一点，暗的展厅空间感觉要小一点，当采用漫射光作为空间的整体照明时，也使空间有扩大的特性，通过光线能加强物体的阴影以及光影对比。使空间的立体感得到加强。通过不同光的特性，亮度的不同分布，可以强调希望注意的重点文物、展品和场景，也可以用来削弱不希望被注意的次要地方，从而使空间环境得到进一步的完善和美化，照明也用于改变空间的实和虚的感觉。

〈四〉光影艺术

光和影本身就是一种特殊的艺术，如阳光透过树梢向地面洒下的一片光斑，疏疏密密随风变幻，这种艺术魅力是难以用语言来表达的。再如月光下的粉墙竹影和雨夜中随风飘动的荷叶，又是另一番情趣。我们在照明设计中，应该充分利用各种照明装置，在恰当的部位给予匠心独具的应用，以形成生动的光影效果，从而丰富空间的内容和变化。处理光影的手法多种多样，既可以表现光为主，也可以表现影为主。又可以光影同时表现。光影的造型是千变万化的，重要的是用在恰当的部位、采取恰当的形式，突出主题思想，才能丰富空间的内涵，获得良好的艺术照明效果。

〈五〉灯光的造型和雕塑

1. 表面光滑的物体(如瓷器)即使当光线很强的时候，还是产生梯度很柔和的照度图式，而由小块面组成的表面却给出轮廓鲜明的照度图式。

2. 对于一个给定的物体，影子图式的鲜明性取决于光源对它的张角的大小，复杂的表面似乎与结构分明的影子图式有很好的联系。但是对于一个轮廓平滑的凹进去的物体，最好是用大光源，以产生形状柔和的影子。

3. 高光图式的性质与照度和影子图式不同，高光的形状与块面的大小和表面的曲率有关。若其表面的曲率半径小且有较大的镜面角时，易

1	2	3
	4	

1. "光"的神秘之感
2. 灯具和展示形式非常统一
3. 内打灯的平面图版
4. 新与旧的建筑在自然光下多么让人赏心悦目啊

美国宝尔博物馆

林肯纪念馆的柱子在光线照射下的样子

这种自然柔光让人感受到这个空间的层次很丰富

用不同角度的光照来表达建筑艺术

于形成高光，但能产生压缩的影像。因此当一个观看者改变他的视线方向时，照度图式保持不变，而高光图式却随着他而移动。至于在一个有光泽的球上，高光跟着他，以他移动的角度的一半而移动。在其他的物体上，观看者的移动则引起高光图式的连续变化，这种特性常常被人们在展品的陈列上加以利用，在那种场合由于移动而使某些抛光的小块面产生突然引人注目的变化。然而，当一个物体外形的轮廓线是平滑的并有曲率变化时，高光图式似乎更明显地与物体形状有关。

4. 利用方向性照明形成原因的不同可使照度、影子和高光三个图式保持一定的平衡。

5. 光是陈列艺术的关键一环，现代艺术照明离不开光。它具有塑造形象、衬托环境、渲染气氛、丰富色彩的作用。如今已被广泛运用的电脑效果灯的作用尤为明显。通过计算机控制，使灯光变幻无穷，千姿百态，使灯光造型艺术达到完美的效果。

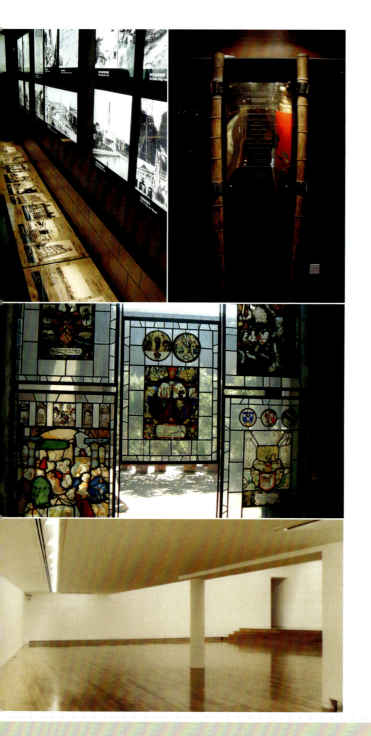

6. 陈列艺术照明不同于一般照明，它侧重于艺术效果。

7. 视觉——能准确体现展览主题思想。

8. 写实——借助于光变幻使表现空间的情景具有真实感。

9. 美感——要把展厅和文物的美表现出来，以提高观众的审美情趣。

10. 表现——突出展品特点，强化艺术效果，使观众得到启示和教益。

11. 融合——必须使用光技术和展柜、展板、展墙等工作密切配合，把照明融合在主题思想和展示空间之中。

艺术照明的演绎手法
①光的静止和流动
②光的对比和同化
③光的强调和控制
④光的层次和平淡
⑤光和多媒体的配合

光艺术的体现方式
①利用光设计方案的体现
②利用光处理技法的体现
③利用灯具的体现
④利用光和饰面材料的体现（质感）
⑤利用光和表面色彩的体现

1	2
3	
4	

1. 两种不同色温的"光"并用
2. 葡萄酒博物馆序厅中的前言版
3. 玻璃画与中国的皮影一样都是利用"光"来表达一切的
4. 自然光经过反射板散落至展厅的空间

1. 旅顺博物馆纯自然光展示现场
2. 旅顺博物馆
3. 这种照明方法文物的影子会极淡
4. 北面的侧窗的光线，有着较稳定的照度

经过光的照射，你能见到的铜浮雕雕刻的细小细部

是"光"还是"建筑"本身营造了空间感

室外的光线不断的改变，使浮雕作品的阴影高低起伏，人们在不同时间观赏时，有着不同的视觉变化

自然光下文物的真实性非常突出

美国大都会博物馆的采光玻璃顶棚

这是一种较先进的活动式金属遮光窗帘，有调节照度功能

展示本质上经常有教育意义，因为让许多人共同只有一个灯光效果的形象是特别困难的，要是建立空间经验的精确形象，并澄清对每一个人的光的感觉过程，人们已经知道灯光的性质在实用的观点上是需要的，一个人就可以在眼睛闭上时，努力想象出一种舒适的灯环境，如果这个空间复杂而且环境很大，这就需要耗时耗力了。

布局和光的区域：照明分布图在设计过程中稍晚才需要，但是照明区域，例如功能上的亮度，色温的范围，又如被使用的光源的颜色、可见亮度区，需要以一种设计目的的普通方式来建立。

灯光方式是直接的光、间接的光还是部分间接的光，需要设计师在事先仔细考虑的。

一个人若不考虑设计方法的细节就永远不应该谈论光，光不仅仅是装饰，而是起到重要的烘托效果作用，陈列灯光的一个重点是不让空间失去活力，

一个人在头脑中必须忍受光明和黑暗，光和黑色几乎是同义的，任何人都能获得光明，更困难但更重要的是设计舒适的黑色和阴影。

"光的设计是唯一能感动人的东西"，这个观点是预示当感觉到光时，人的心情是如何变化的，心情的转变经常会受到简单的光的吸引，而不是复杂的灯光系统。

光 在 陈 列 中 的 应 用 与 研 究

第二章 光与陈列

2.1 概 论

2.2 光的现象、应用与陈列

    在陈列厅里灯光应该遵循一个基础原则，就是运用最少最合理的光和装置，避免令人烦恼的浪费，比如为装饰的原因和使用过多的光而安装许多装置，首先都应该被消除，以突出被展示的文物，只有光源和装置从空间中消失后，无声的光才会被发现。

    白天和黑夜的景色的根本不同是光的颠倒。在白天，自然光从外面稳定地射进来，在夜里，正好相反，不稳定的人造光从里面发出。一定要注意设计这种自然对比的光和阴影。

    颜色上轻微的对比可使光更有生气，基础是在自然光中的适度的层次，从蓝色、白色变为黄色和橘黄色，尤其是精妙运用蓝色，可以使暖色的美更具特色。

    在设计中，对光的作用的评价是在地面上，灯光的方式是在天花板上设计的，这就如同画天花板和地面平面图一样是同时进行的。光的效果和装置的位置是在一张平面图上决定的。

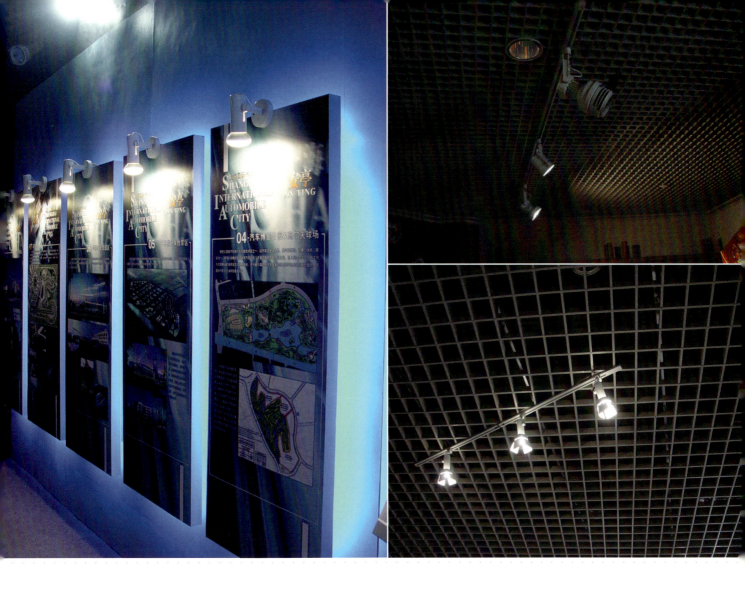

在陈列照明设计中，不管使用什么方法，一定要平衡来自上面及侧面的灯光以避免生硬的阴影和视觉的单调，来实现最佳的灯光照明，保证观众在较好的光线下，使他们对光线的感觉赏心悦目也是重要的。必须使他们感觉光线的舒服而适度，必须使他们能够看清文物的同时，还能清楚地看清说明文字，但又要避免产生眩光。

光线还必须使空间看上去生动有趣，单调乏味的视觉效果会引起视觉疲劳，恰当的光线照明使空间变得更有特点，更生动有趣，更具有立体感。

辨别文物的质地和纹理、色调是富有经验的灯光设计的关键部分，以强光照射的灯光图式有助于创造人们愉悦的视觉兴趣点。

在特定的空间创造对比可称为一种功能，是一种观赏目的，人眼会自动注视明亮的元素或区域，因此照明能用于指明展体或吸引人们。例

如，展厅中重点场景或重点文物可较周围空间更亮，目的是为了吸引注意力从而形成人们的视觉焦点。

光本身是不可见的，只有当它照射到某件展品或某个物体表面时才变得可见，而光与物体及表面相互作用及其微妙。文物材料的颜色和性质对照明效果也有巨大的影响。不同的文物其反射性质千变万化，陶器将光线基本上吸收，而瓷器则将光线反射到不同的方向，在一般情况下白色反射 70%-80% 的光，黑色仅反射 4%。

陈列设计者经常从灯具的美学角度设置灯具而牺牲它所产生的光效果，不管在什么环境下，灯光设计都应尽可能地慎重选择灯具，其照明效果是设计的最终表现形式，然而除非完全以照明效果为目的的方法。如顶部的射灯，展柜中的冷光灯，展厅和前言的照明等。灯具的美便成为展厅内设计主题的重要部分并且往往是中心装饰，因为设计者都清楚一点，就是只要是进入展

厅后，厅里的任何一件东西均是审美对象。

昼光能带来独有的氛围并能使内部空间产生极好的效果，但由于天然光流入的数量不同，也会有不同的效果。由于场地的位置和朝向的不同，会产生眩光或太阳光过热的问题，用各种扩散光的方法，如百叶窗帘利用反射光等；苏州吴作人纪念馆采用昼光的反射，使室内光线均匀，展品突出，昼光有时能成为环境光。

陈列设计师的工作是经常创造变换的空间（包括动态空间和静态空间），而在此空间能用光来创造各种不同的空间感觉。

光线成为唤起人民强烈感受的神灵。没有哪个极少主义空间作品能够去除这一点的，那些毫无变化的立方体，仿佛既没心智的余地，也没有情感空间，但光线能给它们强大的单纯和宁静的力量，这种有无相生的过程，充满东方的哲理精神。

导向性基本上属于一项设计中要重视处理的功能要求，照明能够非常有效地增强这项功能。人眼能够自然而然地被亮度高的区域所吸引，当

你进入一个空间的时候，你会进行瞬间的聚焦，使你的眼睛立即能够注意到某个事物照亮入口和入口以内的某个事物，使这个空间欢迎你的到来。这样你就能受到吸引并进入这个空间，陈列厅的序厅就起到这个作用。

完全没有室外照明或者采用不适当的室外照明将抵消任何花费在展厅内照明设计上的努力。像展览设计师一样，照明设计师是观众和文物之间的中介，他不仅将陈列的作品展现于观众面前，且以最适合的方式，使作品和观众交流，将这付之于实践活动，是照明设计最激动人心的方面。

"照明设计的一般原则是创造神秘光效、趣味、吸引力、情调和戏曲性。"

在知觉的许多领域中情况就是这样，举大小与距离为例。这两个因素合起来造成了图像在视网膜上的大小。因为没有别的线索作参考，我们就说不出窥视孔里见到的东西是远还是近、是大还是小。因为我们既没有X的值也没有Y的值，而只有结果。色知觉也是如此，这方面的感觉由所谓的固有色和光照决定。说不出通过滤色镜片

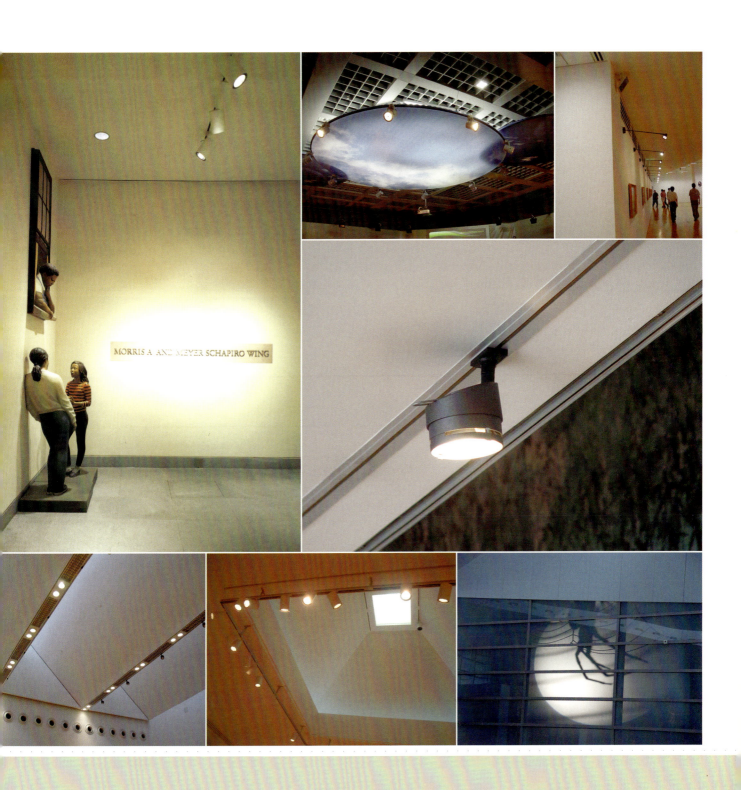

MORRIS A AND MEYER SCHAPIRO WING

看到的色块是强光下的暗红色呢还是弱光下的亮红色。此外,如果我们设色彩为 Y,光照为 X,我们绝对得不到这两个变项的纯值。没有光我们就看不到颜色。因此,文物书上所谓的"由光的种种限定"而显现的"固有色",其实只是一种精神的构建。

正如在空间知觉和色彩知觉方面一样,都得到光在时间中的运动效果的帮助。

陈列艺术要调动观赏者的投射活动,来补偿艺术表现手法的种种局限,这样做的重要性可以在各种不同的艺术领域中得到证实,印象派绘画中那些表现光线和动作的模糊轮廓线就是一例。

我们的时代是一个视觉时代,可以说,在我

们正在步入的这个时代中,图像将取代文字的统治地位。

展品,如文物呈现的外形,因为它随着光线条件的改变而改变,所以可以说它给我们的是有关光学世界的信息,把这个光学世界当作某种理所当然的东西来对待,是很有诱惑力的。光学世界是物理世界的组成部分,虽然它比物理世界的固体成分变化得更为迅速,对这些光学数据的记录确实能扣动心弦地传送,诸如博物馆这类事物变化着的外观,进入眼睛的光线刺激视觉神经,并且引起了视感觉,这些感觉的总量与视网膜上的图像相对应。

光线通常是直线传播的,因而我们能为空间中的任何物体标出从该物体表面而反射出来的那种光将到达某一给定之点,这就是关于视觉锥体或者视觉金字塔的光学理论。

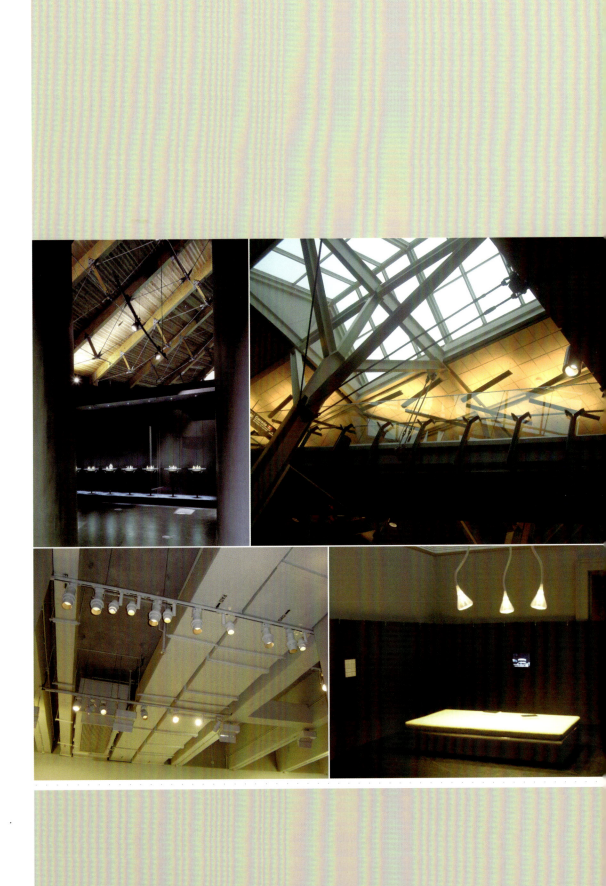

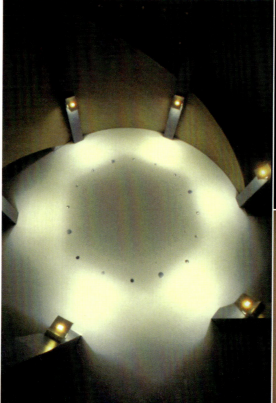

我们如何从感觉过渡到知觉，如何从光在视网膜上的多价模式过渡到外部世界的形象，这是一个古老的心理学问题，这个问题是不能单靠视觉锥体理论来解决问题的。因为这种理论的比较高级的形式宣称各种波长、各种强度的光线只是引起视感觉的刺激物。

　　光线和质感对我们获得有关前景布局的大量信息极有价值。此外，我们对于所谓的"生态光学"也就是世间事物的行为也有所意识。

　　眼睛是一种视域很大的光学仪器，但是这块视域之中只有范围很有限的一小部分能产生清晰的图像。

　　现代建筑的空间变化，已经离不开光的元素，设计师在考虑每一个空间的组合关系的同时，也应该视"光"为一种雕刻的工具来运用。它不单只能独立地穿透室内与室外的两个空间，还同时能把两者互相结合起来，而玻璃像溶化了的冰块一样，在空间中隐形地存在。

　　现代博物馆的新定位：1.运动：博物馆不应只是一个"容器"，要成为一个充满动感的媒体。2.灵活：博物馆不是一个不变的封闭场所，应是一个开放、灵活的"知识工具"。3.媒体：博物馆不是为它自己而存在，它应成为推动所有人学习日新月异的科学技术的催化剂。4.会议：博物馆没有边界，它为相识、交流及分享每一个人的智慧提供机会。

　　任何一个好的展览空间设计，如果没有配合适当的光线照明，并不算是一个完整的设计，我们细心分析每一个出色的空间结构之后，便不难发觉到原来光是一个十分重要的设计元素。例如从窗引进的阳光、文物的颜色、饰面的反光度及空间的功能等，再加上观众在空间移动产生的不同视觉方向等，这些因素都会令最后的光照效果产生无穷无尽的变化，在展示空间，它同时受到两种光源的影响，日光照明及人工照明，在考虑光照设计概念时，完成后的效果是应该能够与时间共同前进的。灯具、灯源、灯光及色温都应跟室内环境一起形成，而灯光设计就应像从整个空

间中生长出来，在设计过程中，我们不应单是将光加入空间内。成功的灯光设计应该同时具备诱导性的作用，把我们的视觉重点依照设计师的安排，带领我们的眼睛在空间中转动，在三维内来回穿梭。我们应能体现出光线的形状、体积、重量，以及光与影的互动交替效果。

清脆的光线、爽洁的色温、自然光的光线及倒影的分布、增强空间的三维立体感，从而形成了一个有思想的空间，光线在空间中除了提供一个功能上的需要外，还为空间赋予了灵魂。

2.2.1 光在陈列中的作用

光在陈列艺术中的地位

对于形式的构成，光和造型同样处于一种举足轻重的地位。在形式的各种因素中，光是首要的，没有光就没有一切，光和色的配合最能触动人们的情绪，激发观众不同的心理反应，它能够从视觉及其他的感觉上影响展品的陈列效果以及展品的生动性、可视性。在一定的条件下，它自身还具有一种烘托陈列环境气氛，创造意境，感染观众情绪的动人的吸引力，激起人们的情感变化，因此，光感是一般审美感受中最普遍的形式，设计者利用光和造型结合起来塑造形象，体现一定的思想意义，用光来抒发感情。如上海博物馆1983年的"中国古代雕刻陈列"其成功的事实告诉观众，陈列的主体在人工光的照射下，出现了奇妙的变化，把雕刻艺术衬托得更加精彩，令观众身入其境，这个案例成为表现雕刻题材肃穆神秘虚幻气氛的一次成功设计。

一、光是陈列空间的造型手段

陈列、展示艺术设计的造型手段，是依靠多方面的条件来表现其陈列内容和形式的，而光是

其中的重要条件之一，陈列空间中，光直接或间接地服务于主题思想。因此陈列空间中光的运用，创造了陈列艺术的风格和情调氛围，创造了人们的生理空间和心理空间，视觉空间和虚拟空间。由于光色能引发人们一定的情感，故光能影响人们心理情绪——喜、悲、哀、乐的具体反射，从而制约着光使用的因果关系，这些对人们起正面或反面影响的反射能量，无论观众是否察觉，都是客观存在的。光在陈列中的效果应该被体验和被理解，不仅在视觉上如此，在生理和心理上也有巨大的力量。陈列艺术设计中光的运用，对于一个好的陈列氛围和效果是太重要了，是灵魂性作用，设计师恰当地选择照明工具，使光在陈列中能够衬托展品并能充分地显示各自的特点，能够加强和帮助观众对展品的理解。

二、光在陈列艺术中的作用

陈列艺术设计中的光的设计往往是容易被轻视的一个环节，一般都是先制定一个平面或空间的展示，最后再考虑如何使展品看得见，然而，创造美的光环境离不开对空间整体光效果和光控制的把握性，因此，陈列艺术中光的运用，则在于照明组合中平衡、节奏、变化、强调、统一的形式规律的运用所带来的最佳氛围。

1.光的节奏

节奏是艺术旋律的根本因素，光本身是没有节奏的，是通过设计者对其的控制和利用，是随着陈列空间的确立而表现出来的，形成空间的节奏感。在陈列空间中，光的节奏是在陈列环境氛围上有秩序的重复、交替，主要光与次要光的渐变、明度、色相、冷暖、形状、位置、面积等要素所产生的空间的节奏感，使人们的视觉在本身静止的环境感受上活动起来，激发人们的情感，引起视觉的快感，给人以愉悦的精神享受。

2.光的强调

光的强调是为了弥补陈列空间中平庸单调之感，加强陈列的表现力，激起人们的视神经，引发人们心理上的兴趣，通过光的主次强调能构

成陈列空间的趣味中心，产生一种强烈而生动的艺术效果。因此，在陈列艺术设计中，重点部分多利用光的强调、对比等手段，以达到突出重点展品、烘托主题的目的，一般强调光的做法是重点光照度变化或是光色上的变化。

3.光的统一

在陈列空间中整理用光的统一，能将互相排斥的紧张力调和起来，使它从属于一种有秩序的主调。人们欣赏陈列时，能有一种协调的美的感受，统一不等于"同一"，统一有"静的统一"、"动的统一"两种。在陈列艺术设计中，光要营造出让人舒适的感受，设计者一定要把光的统一放在特别重要的位置上，光的统一，取法于整个展示空间中光的运用和协调，如光波的冷暖、光的明度、色相，包括自然光和人工光的结合。照明设备的协调，因为它们都直接影响陈列的整体效果。

工作的实践告诉我们，必须形成设计人员对

照明设计采取慎之又慎的态度，依据陈列主题的要求来使用光，对陈列照明设计要善于把握住陈列主题的深化，依据展品固有色为母体，以烘托展品，突出特色为原则来确立整体效果总的感受，探求陈列空间的光环境，力争能得到一个完美的光设计方案。

2.2.2光与陈列形式

由于博物馆陈列的性质不同，内容和展品有较大的差异，因此博物馆陈列艺术设计在用光和照明设计上也各有特色，各有不同要求，一般博物馆中的陈列艺术设计总的要求是调动一切艺术手法追求较完美的艺术形式。从风格上讲多为沉静、安详、平和，从形式上讲可分为三类：第一是天然采光，是以日光为光源的取之不尽、用之不竭的最廉价的采光方式，广泛应用于博物馆的陈列。然而，天然采光在陈列中最大的不足，是光线难以控制。由于每天日照的变化，直接影响到光源的位置不断变化，也容易产生直接眩光和间接眩光，又由于阴、雨变化与早、中、晚时间

不同，展室里的光照度亦会随之产生大幅度的强弱变化，这些都直接影响陈列效果。同时，日光中伴随着大量的紫外线和红外线，对文物有严重的光化降解破坏作用。第二是为全部采用人工照明，人工照明的方式有五种①一般照明；②区域照明结合一般照明；③定向区域照明；④定向区域照明结合一般照明；⑤展柜照明或重点照明。目前，人工照明在陈列中的运用，被普遍认为是完全可以控制的理想采光方式。陈列中利用人工照明，能够创造一种特有的环境气氛，当前国内外大型博物馆尤其是新建博物馆已经开始全部或局部在陈列中使用全人工照明，由于陈列室建筑是全封闭的，必须要配以相应的设施，所以能耗大、造价高。另外就是如果光照设计不适度的话，观众长时间在展厅内有不舒适的感受，视觉容易产生疲劳。第三是天然柔光与人工照明相结合的方式，从理论上讲，它兼顾了利用天然光采光与人工照明的优点，若设计得当，则完全能够创造出理想的照明效果。不过，由于在协调自然光与人工照明时技术上比较麻烦，而且，综合光的利

用对博物馆的建筑、采光照明设施又有相应的特殊要求，还要考虑光线对文物展品的影响及博物馆的安全防范，所以必须进行更为安全而慎密的设计思考。

光在陈列中的运用，是绝不可忽视的，它可唤起人们的第一视觉作用就是印象，对光的认识和感受形式或习惯性和象征性的联想。在陈列照明设计中，应注意采用安静、和谐、清雅的光色，尽量避免观众在欣赏时引起视觉疲劳，应避免光色的单调和贫乏。

2..2.3 光的透视现象
由于空气中的水汽和尘沙、太阳的照射角度以及阳光穿过大气层的距离等不同因素的存在，自然界中各种物体实际上都处在不均匀的照射条件下，这就产生了光的透视现象，显示出同一物体表面的色彩变化，同样，陈列中物体表面的色彩也产生了光的透视现象，物体距光源近的，色彩的明亮度增强，色彩在强的明亮度下

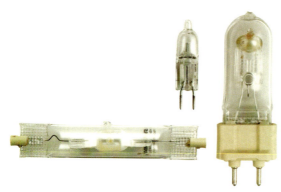

有失去原有色相以及明度的可能。物体距光源远的，色彩就处在次弱的明亮度，色彩显得灰暗、浑浊，陈列空间中的色彩、光源、环境的影响，产生变化，是在光的照射下完成的。因此，在陈列艺术设计中，利用"光"的特性，在环境色的配合作用下，描绘或加强陈列色彩的气氛。利用"光"来排除环境中的"视觉污染"，把观众的注意力导向陈列区，利用"光"来划分陈列空间的主次，从属关系，发挥空间引导作用以及陈列照明中正确掌握照明的标准，使陈列环境既有理想的照度又得到展品陈列中有符合审美要求的照明效果。

2.2.4 光与材料质感

现代陈列设计，是为现代人们精神生活及艺术享受上追求空间质感、光色诸多方面运用中的大效果服务的。材料质感是物体由于各种材料在不同光照条件下，构成了物质的个性、特点、美感，它主要表现在物体的质地、手感、触感、视觉感、工艺、性质、肌理等方面，如金属、竹木、陶器、玻璃、棉布、纸等的软、硬、轻、重、粗、细、滑等感觉。从而，使人们从物体的表面得到触觉质感和视觉质感，这种质地、工艺、性质、肌理等特点，能在光的照射下，产生效应，呈现出材料质地的美感，在陈列艺术设计中，材料是

艺术设计的一个起到活跃效果的重要因素。就拿木质材料来说，光和材料的质感有着直接的关系。一个好的设计不但光感要好，质感也要好，两者缺一不可。

在材料的质感中，通过光的照射，肌理成为材料表面的一种现象，而且构成质感的重要因素之一。"肌理"是指皮肤的纹理，在一定的条件下，材料的肌理决定了材料色彩的色相、明度和质感。它是构成材料美感的一个主要的方面，肌理是触觉现象，又是视觉现象，故离开光一切均不存在了，光的明暗，光的显色性均会影响观众对物体肌理的理解。触觉、视觉互相之间有着一定的联系。视觉在某种情况下，可以代表触觉，视觉是辨别外部世界物体色彩、质地等特征的感觉，光是色彩世界的根本和主宰。材料色彩以及质感，无不是受了光的条件才变化的。

一般情况下，材料在强光的照射下，其固有色不具备原有的色相。色彩的明度提高材料的

质感有可能因肌理等因素而加强了触觉肌理的主体感，没有微妙细致的变化，显得材料的质感单薄，材料在普通光的照射下，其固有色处于正常情况，不失色相的真实感，材料能够充分体现它的肌理等方面的优势，肌理效果好，变化细腻入微，比较丰富，可以加强材料的色彩质地美感，材料在弱光的照射下，色彩暗淡无光，材料质地模糊不清，被一片灰暗所笼罩着。因此，在处理光色、照明时应当对此加以注意。

2.3 陈列艺术中的光与色

2.3.1 颜色的形成

颜色来源于光。可见光包含的波长不同，单色辐射在视觉上反映出不同的颜色，如表是各种颜色的波长和光谱的范围，在两个相邻颜色范围的过渡区，人眼还能看到各种中间颜色。

一个光源发出的光经常是由许多不同波长单色辐射组成的，每种波长的辐射功率也不一样，光源的各单色辐射功率，按波长的相关分布称作光源的光谱功率分布，它决定着光的色表和显色性能。是昼光、白炽灯和荧光灯三种光源的相对光谱功率分布曲线。

光谱颜色波长及范围

颜色	波长(nm)	范围(nm)	颜色	波长	范围(nm)
红	700	640-750	绿	510	480-550
橙	620	600-640	蓝	470	450-480
黄	580	550-600	紫	420	400-450

桥梁博物馆一景

　　物体色是物体对光源的光谱辐射有选择地反射或投射对人眼所产生的感觉。例如，用白光照射某一表面，它吸收白光包含的绿光和蓝光，反射红光，这一表面就呈红色。若用蓝光照射同一表面，它将呈现黑色，因为光源中没有红光成分，反之，若用红光照射该表面它将呈现出鲜艳的红色。

2.3.2 光源的颜色

　　在光环境设计实践中，照明光源的颜色质量常用两个性质不同的术语来表征：1. 光源的色表，即灯光的表观颜色。2. 光源的显色性，系指灯光对它照射的物体颜色的影响作用。

湖南博物馆、青铜展厅

下沉式场景用光

天然光和人工光源的色温

光源	色温（k）	光源	色温（k）
蜡烛	1900-1950	日光	5300-5800
高压钠灯	2000	昼光（日光＋晴天天空）	5800-6500
白炽灯	2700	全阴天空	6400-6900
白炽灯 150w-500w	2800-2900	晴天蓝色天空	10000-26000
日光	4100	荧光灯	3000-7500

色温为2000k的光源所发出的光呈橙色，2500k左右呈浅橙色，3000k左右呈橙白色，4000k呈白中略橙色，4500-7500近似白色，日光的平均色温约为6000-6500k，在同一色温下，照度值不同时，人的感觉也会不同。

照度和色温与感觉的关系

照度	光源色色的感觉		
	冷色的	中间的	暖色的
≤ 500	冷的	中间的	愉快的
500-1000	↑	↑	↑
1000-2000	↑	↑	↑
2000-3000	中间的	愉快的	刺激的
≥ 3000	↓	↓	↓
(LX)	愉快的	刺激的	不自然

常用光源的色调

光源	色调	光源	色调
白炽灯、卤钨灯	偏红色的	荧光高压录灯	漠蓝、绿色光、缺红色成分
日光色荧光灯	与太阳光相似的白色光	金属卤化物灯	接近于日光的白色光
高压钠灯	金黄色光、红色成分偏多、蓝色成分不足	氙灯	非常接近于日光的白色光

2.3.3 物体色

特定的光照条件，是决定物体色彩的首要因素。因此，我们在设计时，首先要弄清眼前造型物处在一种什么样的光照条件下，是直射光还是反射光，光线的明亮程度如何，光源偏向何种色光成分等等，这对于正确确定陈列色调是非常重要的。

色彩是光作用于人的视觉神经所引起的一种感觉，物体颜色只有在光线的照射下才能为人们所识别，光线照射到文物上，可以分解为三部分，一部分被吸收，一部分被反射，还有一部分可以透射到物体的另一侧。不同的物体有不同的质地，光线照射后分解情况也不同，正因为这样，才显示出千变万化的色彩。

2.3.4 色彩表情（光的表情）

光色能给人以不同的感受使之产生一定的表情，即色的表情，色的表情有以下几种：

1.光色的轻、重感，在日常生活中，感到白色的棉花是轻的，黑色的铁是重的，天空的白云

是漂浮的，而大地是沉着的、稳定的，无彩度（黑白灰）物体的这种轻重感是伴随生活经验而获得的。

从色彩的三种属性来讲，色彩的轻重感主要决定于明度，而彩度对色彩轻重感影响为其次，色相的影响最弱，暖色系感到轻些，冷色系感到重些。

2.光色的软、硬感：浅色，掺了白色的光色有柔软感，与此相反，纯色和掺了黑色的色感到坚硬，即柔软或者坚硬与明度和彩度有关。明浊色柔软，彩度高的纯色和暗清色感到坚固，明清色和暗浊色介于中间，无彩色的白和黑是坚固色，灰色是柔软色。

3.光色的冷、暖感，红色使人想到火的热度，从而产生温暖感，称为暖色，蓝色使人想到冷水，给人以寒冷感，所以叫做冷色，紫是不暖

不冷的中性色，无彩色的白是冷色，黑则是暖色，灰色给人以中性感。

　　a) 从色相方面说，红、橙、黄为暖色，蓝、蓝绿、蓝紫为冷色，绿黄、绿、紫、红紫为中间色，色彩的冷暖感也与光泽有关。光泽强的色倾向于冷色，而粗糙的表面则倾向于暖色。

　　b) 冷色对观众眼睛的刺激作用较小，使人感到安静、舒适、疲劳、烦躁和不舒服，暖色多为兴奋色，易使人产生兴奋、热烈的感觉，但明度低的暗色近于镇静色，冷色多属于镇静色，它具有沉静、幽雅之感。明度高的，彩度强的亮色又近于兴奋色，清淡明快的色调多给以轻松愉快的感觉，浓重、灰暗的色调往往使人感到沉重、忧郁。

　　4. 光色的华丽和朴素感，色彩还会给人以辉煌华丽和雅致朴素之感，一般彩度高的华丽，彩度低的朴素，在明度方面则是明色华丽、暗色朴素，金银虽然华丽，但是当其与黑色配合使用时，因有明度差的对比而感到华丽，另一方面，彩度低的色互相配合时会感到朴素。

　　5. 光色的活泼和忧郁感，充满明亮阳光的展厅有轻快活泼的气氛，而光线较暗的展厅则苦闷忧郁，通常，看到以红、橙、黄等暖色为中心的明亮色时，就变得活泼，看到蓝绿这些冷的暗浊色时就变得忧郁。

　　6. 光色的兴奋和沉静感，由于红、橙、黄的纯色能给人以兴奋感，故称兴奋色。蓝绿、蓝的纯色能给人以沉静感，叫做沉静色，绿和紫既没

2. 暖光源

3. 上海海洋馆，特殊照明

4. 光的区分

5. 银行博物馆一角

有兴奋性也没有沉静性是中性色，此外，白和黑以及彩度高的色给人以紧张感，灰色及彩度低的色给人以舒适感，设计时为要得到豪放、兴奋的效果，可以用红色系统的色，如要文雅、沉着的效果可以使用蓝色系统的色。

7.光色的疲劳感，彩度高，显艳性强的色，对人刺激较大，易使人疲劳，一般讲，暖色较冷色疲劳感强，不论是高明度或低明度，色相数过多，彩度过强，或彩度、明度相差过大的组合等，多易使人感到疲劳，而蓝绿色系则易恢复疲劳，如南京博物院艺术陈列馆中的几个厅在设计时均考虑了色彩的搭配，青铜馆的绿色，玉器馆的淡蓝，瓷器馆的蓝绿和漆艺馆的淡红色、珍宝馆的暗红色，这种色调的变化大大地减少了观众的疲劳感，对视觉起了调节作用。

光色的明暗感和明度有关，明度高就亮，明度低就暗，但是，色的明暗感不一定只对应于色的明度。例如，蓝和蓝绿，尽管蓝绿的明度高，然而却感到蓝色比蓝绿色还亮，白黄与其他色

并列时，可以感到黄色更明亮，通常不能给人以亮感的色是蓝色、紫、黑等。相反，不能给人以暗感的色是红、橙、黄、黄绿、蓝、白等，绿是中性色。

2.3.5 色彩感受

色彩通过感官刺激，对人产生某些心理作用。长时间接受大面积红色刺激，容易使人心脏跳动加快，血液循环加快，心情烦躁。在欢乐的日子里，人们一般喜爱用红色调。肃静的环境，往往用庄重、单调、低沉、柔和的冷色调。因此，协调色彩产生的情感与人们的心理需求相适应。它是进行陈列设计非常重要的一环。

1.色彩的心理与年龄。各个年龄段的人对事物认识的深浅程度、想象力、联想作用存在很大的差距，对色彩也就有不同的心理反应。少年儿童，天真幼稚、思想单纯、活泼好动，一般喜爱明快、鲜明、高纯度、对比强烈的色调。青年思想活跃，精力旺盛、热情奔放、思路敏捷，有追求精神，他们喜爱明快、纯度高的原色或间

色，明度比较强的色调和辉煌的色调；中老年特别是老年人，比较沉重、反映迟钝、好恬静、安逸，喜欢朴素、沉着、含蓄、平和，纯度低的灰色调和中性色调。

2. 色彩的心理与性别，男女的喜爱、性格有很大差别，对色彩的心理反应也不尽相同，一般说来，女性喜欢艳丽、明度较强、纯度较高的原色和复色调，男性相对比较喜欢沉着的、丰富的、纯度较低的复色调。

3. 色彩的心理与其他，不同的图像、不同的民族、不同的地区，由于社会制度、地理环境、气候变化、经济状况、文化素养、宗教信仰、风俗习惯、职业、身份地位的不同，再加上个人的性格、气质、爱好等差异，对色彩的心理反应也各不相同，有的国家和民族视某一色彩为吉祥、喜庆的象征，而到另一个国家和民族则大不相

光色改变了雕塑的色调

同。

一、色彩联想

色彩本身是没有表情也没有情感的。但是，人们常把色彩与事物加以联想，借色感经验，通过色的相貌和表面特征，又赋予其人的感情，从而形成了不同的心理反应。

二、色彩象征

色彩是光色或物体色通过人的视觉而引起的一种反应。由生理而心理，不论是有意识或无意识，均会对人的身心产生影响。

1.红色是火与血的色。它意味着热情奔放、喜悦、活力。有时，也象征恐怖和动乱。红色既具有强烈的心理作用，又具有复杂的心理效果。使用这种色彩时必须慎重。

2.黄色光感最强。常使人联想到阳光。在所有色彩中它的明度最高。所以给人以光明、辉煌、柔和、纯净、希望、活跃和轻快的感受，象征着希望、快活和智慧。黄色又具有崇高、神秘、华贵、威严、素雅等超然物外的感觉。黄色使用面积过大时，则会使人感到郁闷和堵塞。

3.绿色是大自然中草地、树木的色彩。它是象征着生命的色。象征春天、青春、希望，是充满活力的颜色。绿色还给人以和平、宁静、休息和安慰的感觉。

4.蓝色是幸福的色。表示希望、沉静、高洁。在西方，蓝色是贵族的色。蓝色的血意味着名门血统，相反，蓝色具有寂寞、悲伤和冷酷的含义。

5.白色象征着纯粹和纯洁，表示和平与神圣。因为白色是由全部可见光均匀混合而成，叫全色光，是光明的象征。白色的明度最高，给人以明亮、干净、清楚、坦率、朴素、纯洁、爽朗的感受。另一方面，它也能给人以单调、凄凉和虚无之感。

三、色彩效果

色彩对于提高展厅环境的视觉感受，创造良好的展示效果具有重要的作用。它通过视觉器官为人们感知后，可以改变空间的量感，形成不同的氛围，还可以通过心理感受影响现在的情绪。

1.温度感（物理效果）

人们看到太阳和火会自然地产生一种温暖

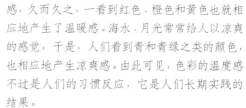

感，久而久之，一看到红色、橙色和黄色也就相应地产生了温暖感。海水、月光常常给人以凉爽的感觉，于是，人们看到青和青绿之类的颜色，也相应地产生凉爽感。由此可见，色彩的温度感不过是人们的习惯反应，它是人们长期实践的结果。

2.重量感。色彩的重量感主要取决于明度，明度高者显得轻，明度低者显得重。正确运用色彩的重量感，可使色彩较平衡和稳定。

3.体量感。从体量感的角度看，可以把色彩分为膨胀色和收缩色。由于物体具有某种颜色，使人看上去增加了体量，该颜色即属膨胀色。反之，缩小了物体的体量，该颜色则属收缩色。色彩的体量感取决于明度。明度越高，膨胀感越强；明度越低，收缩感越强，色彩的体量感也与色相相关。暖色具有膨胀感，冷色具有收缩感。

4.距离感。色彩可以分为前进色和后退色，或称近感色和远感色。前进色是能使物体与人的距离看上去缩短的颜色。后退色是能使物体与人的距离看上去增加的颜色。色彩的距离感与色相有关系。实验证明，主要色彩由前进到后退的排列次序是：红>黄～橙>紫>绿>青。因此，可以把红、橙、黄等颜色列为前进色，把青、紫颜色列为后退色。利用色彩的距离感改善空间某些部分的形态和比例效果是很显著的，是设计师经常采用的手段。

四、色彩的心理效果

色彩的心理效果主要表现在两个方面：一是它的悦目性，二是它的感情性。他可以给人们以美感，他能影响人的情绪引起联想和象征的作用。

五、色彩的生理效果

色彩的生理效果首先在于对视觉本身的影响。人眼对光线的明暗有一个适应的过程，称为视觉的适应性。视觉器官对于颜色也有一个适应的问题。由于颜色的刺激而引起的视觉变化称为色适应。

色适应的原理经常被运用到室内色彩设计中，一般做法是把器物色彩的补色作为背景色，以消除视觉干扰，减少视觉疲劳，使视觉器官从背景色中得到平衡和休息。

2.3.6 亮度比

颜色深的物体其吸热能力远远大于颜色浅的物体。不同颜色的物体反光的能力也不相同。一般地说，色彩的透明度越高，反射能力就越强。主要颜色的反射率如下：白84%，乳白70.4%，浅红69.4%，米黄64.3%，浅绿54.1%，黑色2.9%，深绿9.8%。按照反射率的大小正确选用展板、展墙、顶棚的颜色，对于改善展厅内采光和照明条件有着重要的作用。不仅可以提高照明效率，还能烘托展览氛围。

2.4 陈列光环境与照明

2.4.1 陈列灯光环境对照明的要求

陈列的灯光环境的内涵很广，通常指的是由光（照度水平和分布，照明的形式和颜色）与颜色（色调、颜色显示和分布）在环境空间建立同形状有关的生理和心理环境。灯光环境设计的目的，在充分利用自然光的基础上，运用人工照明为人们的工作、陈列、参观、学习等活动创造一

个优美舒适的建筑空间。

陈列灯光环境气氛受到建筑、展品、灯光等因素影响。这其中无论忽视了哪一个因素都可能产生严重的后果。所以现代灯光环境设计主张无论对进行视觉作业的灯光环境，还是展品对灯光的功能要求等，都要从深入分析设计对象着手，全面考虑对照明有影响的功能、形式、心理和经济等因素，在此基础上再制定设计方案，进行评估。

光环境是通过照明设计来创造的。因此，必须通过一定的照明方式，正确的选择光源以及灯具的造型，使展厅环境具有特定的风格。同时，运用灯光特性创造各种环境氛围，例如：

1.利用灯光的位置和方向，在展示空间创造出明暗变化，具有立体感的环境气氛。

2.利用灯光的强调和控制，在展示空间创造出重点突出、层次分明的环境气氛。

3.利用灯光的颜色和显色性与物体的配合，在展示空间创造出璀璨夺目、异彩纷呈的环境气氛。

4.利用灯具大小、形式、艺术处理和布置方案，在展示空间创造出格调高雅、具有装饰效果的环境气氛。

5.利用灯光、音乐和背景色彩的协调配合，取得光、声、色的综合艺术效果，在展示空间创造出声色俱佳、光彩照人、富有动感的环境气氛。

2.4.2陈列照明的设计要素

一、陈列照明的设计要素：

1.展厅空间：展厅空间的大小、形状、风格、重点室内表面的反射比与质地，照明同文物，展柜、展板，包括空调、安保、消防等设备系统的协调布置。

2.空间的利用：了解空间如何使用，展柜的形式、数量，文物的数量、质地、品种、整个展

览展线的分布。

3. 颜色、光和灯的颜色要同厅内装饰色彩的配合，与展品颜色的配合，如果需要辨认颜色，显色性也很重要。

4. 经济因素，照明系统的投资及运营经费。

5. 节能环保，是否符合节能与环保的要求和规定。

6. 物理因素，允许噪声级、温度、振动、电压变化。都会影响照明设备的选择。

7. 使用环境，灰尘多、潮湿、有化学腐蚀和爆炸危险等特殊环境的照明。要使用防护级别合格的照明设备。

8. 安全和应急照明，照明系统应包含必要的应急照明。

9. 维护管理，在设计阶段就应考虑到选择便于维护的照明设备并制定切实可行的维护管理计划，以保证照明系统高效的运行。

二、陈列照明设计方案形成的步骤：

1. 确定照度水平、质量指标
2. 选择照明方式和照明设备
3. 照明计算、经济分析
4. 照明布局
5. 照明装置的细部设计

2.4.3 采光照明设计

总观博物馆中成功的陈列设计，我们发现，除了内容和形式上的优化设计以外，还须重视科学的符合美学原则的采光照明设计，使观众能够对展品造型、色彩、质地、线条、肌理等真实艺术特征留下深刻的印象，并使博物馆的陈列更具有感染力，采光照明设计直接关系到整个陈列的气氛，其作用就是要利用照明的特色，构筑陈列的总体气氛，营造出一个能充分展现陈列主题的意境，让观众在其特定的舒适的视觉环境中如同欣赏艺术作品一样欣赏展品。

传统中国画的纸质卷轴陈列于柜

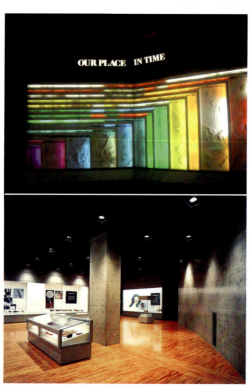

　　陈列采光照明设计中，无论是选择自然光、人工光还是综合光，设计者必须懂得光的基本概念，光源的性质、作用和与周围环境，建筑设施等关系，进行统筹设计。例如，当选择天然光采光方式时要考虑采光口的位置、大小，展柜设备的人工照明时，除了考虑展柜的布局和构造外，特别是全封闭式的人工照明陈列，还应与空调、通风设备设计相协调配合，同时，在选择现代照明技术设备（例如，照明器具、反光材料、隔热防火材料、防红外线材料等）时，必须从表现被照物的造型、色彩、线条、质感、肌理、机构等基本要求出发，作全面的正确的把握，从而为观众创造一种最佳照明的视觉效果。同时，还有把光照对展品的损坏作用减少到最小程度。

　　陈列采光照明设计中的光，无论是自然界里的太阳光或者依靠电能由白炽灯或日光灯发出的光，在光学上都被称为复式光或白光，复式光是由各种不同频率的单色光混合而成的，红色光、橙色光、黄色光、绿色光、青色光、蓝色光、紫色光是组成它的主要色光，科学家根据光的色散现象将复色光实验测定得知：红色光的波长最长、频率最低；紫色光的波长最短、频率最高。波长越短，对有机材料破坏力越大。

展柜上的灯光与天棚顶上的自然光是统一的色调

陈列对光的要求及设计原则，是在对光和光照性质认识的基础上确定的，概括起来就是：安全、适用、美观、经济，其内容包括：

1. 电光源的光源选择
2. 照度选择
3. 光线投射方向
4. 避免眩光
5. 避免阳光直射
6. 隐蔽光源
7. 采光方式和采光口选择
8. "光害"对文物的影响
9. 照明方式

一、采光方式

陈列室天然采光方式主要有三种。一是侧窗采光；二是高侧窗采光；三是顶窗采光。侧窗式采光是博物馆最常用的一种采光方式，其窗户构造简单，管理方便、气氛开朗，其优点是经济，可充分利用"廉价"的自然光源，构造简单、造价低、便于清洁管理。陈列柜布局简单，当自然光采光照度不够时，人工照明补充设备也比较好解决，其缺点是，侧窗采光照度不均匀、不柔和，展厅空间里尤其是两窗之间的窗间墙，始终处于逆光位置，成为展室的暗区，在此处无论什么展品，其效果都极差。如果展厅的跨度越大，展室深处的光线就愈暗。

高侧窗式柔光，在一般情况下，采光窗台要离地平面3米以上，它分为单侧高侧窗式和双侧高侧窗光，高侧窗光又可分为直接和间接两种。高侧窗间接式柔光是自然光线通过建筑的高侧窗，经过折射板反射进入陈列室（如苏州市吴作

光色与展厅的氛围极融合

人纪念馆）。其优点是，展厅大空间能充分利用天然光，展厅显得气势宏伟，适应各类大型陈列品展出，高侧窗间接采光要达到好的照明效果，必须具备以下四个因素：一是扩大柔光口面积，窗口高度与展室空间高度的比以1：4比较理想，这样能使光照满足整个展厅空间的要求；二是柔光口朝向要根据博物馆馆舍所处纬度和年日照平均数值，做出科学合理的设计计算；三是采光口采用新型折光材料和选择所需配光的抛物线弧度；四是经常清洁折光板与玻璃表面。

顶窗采光，称之为顶光，圈内外许多博物馆多有这样采光方式。采用顶棚采光方式的好处是：照度均匀，一般都可取得高照度值，充分利用了自然光的价值，观众在顶光下参观大型陈列品时，可一览无余。同时，采光口不占用墙面，便于利用墙面布置展品。

二、照明方式

陈列采光照明的主辅协调与光照的控制。陈列采光中不论是单用顶光、顶侧光、侧光、背光、底光投光方式，还是几种方式组合使用，都存在一个主光与辅光的协调问题，主光，是设计陈列照明方案中最强有力的光线，起着主导的作用。照明中主光的强照度达到什么程度，要根据整个陈列的照明气氛和器物本身的照度要求来确定。一般地说，主光一定要在观众视野中有明确的方向性，使照明层次能分出明显的亮部高光，阴影和最暗面的反光，主要是陈列照明的主要塑型光，它类似人们平常在直射阳光下观察物体时的情景，辅助光亦称次光，一般是各种环境中的反光和低于主光功率的辅助光源，它对器物能够进行均匀照明，能够表现出器物一定的质感和肌理。

"光" 塑造了形式，观众能感受到 "节奏"，仿佛与这些乐器产生共鸣

来自20世纪的当代艺术所有照明都是相同的导轨系统

主光与辅助光配置照度的强弱，决定着器物明暗强弱的变化，在主光亮度不变的情况下，辅助光减弱，器物的阴暗反差增大，其对比度增大，反之，辅助光增强，器物的明暗反差缩小。所以在选择主次光照明时，必须考虑辅助光在表现器物立体感和质感方面所起的作用程度。在一般情况下，主光强，辅助光弱，主光刚，辅助光柔。但是，又由于光源位置和投射方向的不同，光线的强弱与刚柔是可以变化的，这就要求设计者根据不同的陈列对象灵活地运用各种光照手段来描述文物的艺术形象。例如属于立体造型器物的浮雕、陶器、青铜器等。适合于主光与次光反差较大的 "刚性" 光照，大反差的 "刚性" 光照既能反映和表现主体的器物的神采，又能突出浮雕中凹凸造型变化的精巧，使其艺术形象及内涵再现于黑白在及反光的生动趣味之中，平面造型的绘画、壁画、丝绸、文献及拓片等适合用变化反差小的 "柔性" 光照，由于 "弱性" 光照其主光与次光反差之大，光线柔和，反映平面的造型色彩、肌理、纹饰、线条、文字和图案等比较起反差大的 "刚性" 光照对陈列品有细致入微的表现力，且符合人们的视觉习惯。所以，"柔性" 光照在陈列中使用最为普遍。

三、光线投射方向

光线投射方向是否合理与照明效果关系密切，固而要有的放矢地确定光线的投射方向，尤其是采用射灯和聚光灯时，既要求准确的投射方向，又要限定光线投至展品的范围和强度，灯光照明设计必须全面兼顾。

光线投射方向在人工照明下有：顶光与顶侧光、侧光、背光（逆光），底光与底侧光和内光等不同投光方式。

1.顶光与顶侧光。顶光，是光源在被照物上方，垂直于水平面投射下来的光照，顶侧光是光源在陈列品上方，光线轴线与陈列品垂直轴线有一定夹角投射下来的光照。顶光与顶侧光是目前陈列中采用最普通、最常用的投光方式，它们比较适合人们日常的视觉习惯，主要用来照射器物顶部的造型和饰件，并可以使器物内部的铭文和正面的浮雕饰件、纹饰、线条得到适合的表现和照度。

顶光和顶侧光对于多层横线条或横向两方连续饰图案的文物也有良好的表现力。采用顶光和顶侧光的不足之处是器物顶部受光部分清楚明亮，但下部投影过重，上部下部明暗截然分清，比较呆板，观众看器物下部的纹饰比较吃力，所以

在采用顶光与顶侧光照明时，可在器物的下方或展柜内设置辅助光或利用反光板（底光源），从而达到比较理想的照明效果，但照度一定不能过高，以免破坏器物的立体感。

2．侧光。是光源在被照物的侧面投来的光照，侧光具有充分展现器物左右两侧造型的面与线、纵向纹饰以及凹凸明暗的作用，特别对浮雕、圆雕、青铜器、金银器、瓷器、陶器等纹饰、造型等。能形成侧面亮点和整体投影的效果，同时，侧光照明使器物纹饰和造型的下部不受光照

形成的阴影影响，可以看清楚器物下部的纹饰。因此，采用这样的左右明暗反差的光照手段，对表现这种类型的器物是极为有益的。

侧光照明的不足在于人们观察器物的习惯感觉，一般都是侧顶光型的，而对于这种侧面照射的效果体会得不够完整，应配以适当的顶光。

3．底光与底侧光。是指光源低于器物底平面的角度下投射的光，它适用于对器物底部及器物下部造型纹饰的表现。如玻璃、玛瑙、玉器

的照明，使器物底部纹饰清晰可见，晶莹剔透。

4.隐蔽光源

陈列照明中光源要隐蔽，展厅内照明的光源隐蔽不好，常会出现直接眩光和二次反射眩光。造成展柜内视觉紊乱，影响观众参观情趣，使参观者感到眼花缭乱，造成视觉疲劳。

2.4.4、光源与陈列

一、光源的选择

常用博物馆照明的光源有：白炽灯、荧光灯和高强度气体放电灯。

1.荧光灯有下列优点：
①低能耗高效、运行费用低、发热量小
②光色范围广，有较好的显色性
③寿命较长，从而降低了维修费用

但是也存在下列缺点：
①由于需要辅助设备(如镇流器)，因此初始费用较高
②对温度和湿度敏感
③有射频干扰

荧光灯是一种柔光光源，为线状发光体。因此，对于要形成高亮区和阴影的三维立体展品不适合用荧光灯。

2.白炽灯
白炽灯有下列优点
①灯丝集中，接近点光源，便于光学控制
②初始费用低廉
③线路简单，不需要辅助器件，功率因数为1
④可在很宽的环境温度下工作
⑤可用于较频繁开、关的场所

1 | 2
‾‾‾‾
3

1. 南京二桥博物馆第二展厅
2. 春兰展示馆
3. 在立式的展柜中，导轨灯具的灯光形成均匀的光池（区）效果，固定在顶部的灯具的不同的光照水平，正好照射在手稿和珍稀书籍上

成伤害的红外线、紫外线被隔除，因而是无害的照明方式。

③ 发光部和光源隔离，并且给光源可以连接多个发光部，因此，系统的维护维修等运转费用很低。

④ 具有极好的耐久性。

⑤ POF柔软，其加工性很好，在现场施工时具有良好的可操作性。

⑥ 发光部的器具体积小，在设计方面可发挥的空间广，设计自由度高。

⑦ 小型的发光部可以获得高亮度的光，光色变换丰富。

⑧ 具有点照明、线照明、面照明等多种方式，功能丰富。

白炽灯有下列缺点：
① 发光效率低
② 红外线成分高
③ 工作时玻壳温度高
④ 受电压变化的影响严重
⑤ 寿命较短
⑥ 受机械振动的影响大

3.光纤照明

光纤照明有普通电器照明无法比拟的如下优势：

① 光纤照明是一种发光部不带热量，同时不带电的安全的照明系统。

② 高效传输可见光，对人体和被照物体造

1. 用旧厂房改造的绘画展厅
2. 日本国立博物馆
3. 陈列柜和展墙安装信息背景板组成画面的内容，注意文物的复杂造型。特别需要仔细的控制照明角度以呈现清晰视线
4. 微弱光（微明、黄昏、模糊、黎明）之主题，在持续的陈列和陈列柜中保持隔离

光纤在陈列艺术照明的优势。

博物馆在选择照明时的要求严格，精度要求高，这是因为光线中的紫外线和红外线照射在展品表面会引起展品材质恶化，长期照射之后，展品的表面发生干燥变形、褪色或其他损伤。能引起展品材质恶化的不仅是紫外线，486nm 以下波长的可见光都或多或少的会对展品有所影响，安全的光波长范围在 580nm 以上，自然光的色彩再现性是最好的。在 580nm 的光线下，可能能看不到物体的本来颜色。因此在陈列照明时，都选择 400 nm 的可见光。

当然也可以使用一般的卤钨灯或荧光灯来做文物照明，只是需要额外加装隔红外线和紫外线的滤光片。但是即使这样也不是安全之策。在美国和欧洲的博物馆，很早以前就已经采用了光纤照明这种新的照明方式。那么卤钨灯、荧光灯、光纤的照度和红外线、紫外线的影响分别是多少？有什么不同？

全反射卤钨灯中的红外射出量、荧光灯射出的紫外线量随着照度的提高也呈现不断增高的趋势。与此相比，光纤的照度提高不会引起温度上升和紫外线量增加。实际上，博物馆中使用电器照明时，一般展品的照度控制在 2001x 以内。这自然是为了控制紫外线量，防止展品劣化。但是，作为参观者总是希望环境照度适当提高，环境照度提高势必又要求展品的照度相应提高。光纤照明可以完成这样的照明目标。又因为光纤照明的发光部和光源装置是分开设置，从维修性能的角度看光纤照明的优势更加明显。可以想象，一台展示柜内安装有数个卤钨灯泡，即使更换一只灯泡，也要安排维修人员和数各保安人员到场作业，非常麻烦。但是光纤照明不同，因为展柜内设有光源装置，维修变得非常容易。另外，那些安装位置高，不易更换的灯泡的地方，安装光纤照明是非常有利的。除了维修性能之外，光纤的优势还在于，它的发光部件外型小，光域空间广，便于隐藏，可使参观者在参观时的更专注展品，真正达到见光不见灯。

博物馆对光源光色、发热量、紫外线等的含量都有严格的要求。国内现有光源种类及其技术见表，根据表中技术数据应选用防紫外线荧光灯作为一般照明光源。而冷卤钨灯作重点照明光源。

现代人工光源的种类相当多，光源的光谱特性各不相同。就是同一个颜色样品在不同光源下也将显现不同的颜色。光源除了要求发光效率之外，还要求具有良好的颜色。光源的颜色有两方面的意见。一方面是人眼看光源所发出光的颜色，称为光源的色表。另一方面是光源照到物体上所显现出来的颜色，称为光源的显色性。

人们长期在阳光下生活，习惯了以日光的光谱成分和能量分布为基准来分辨颜色。所以在显色性的比较中，用日光或与日光接近的人工光源作标准，其显色性最好。以显色指数为100来表示。

各种光源的显色指数

光源	显色指数 R	光源	显色指数 R
白炽灯	97	暖白色荧光灯	59
白色荧光灯	65	高显色荧光灯	92
日光色荧光灯	77	水银灯	23
荧光水银灯	44	高显色金属卤化物灯	92
金属卤化物灯	62	高压钠灯	29
		氙灯	94

二、光源的光色

陈列室的自然光照明，不宜用太阳的直射光，天窗或高侧窗采光，是仰角约45°以上的天空光，色温范围约为6000—10000K，平均约为7500K，低侧窗的采光仰角约为15°，色温约为5700—8400K，平均约为6850K，城区因大气浑浊，色温要降低很多。窗上挂布帘时，光线虽可变得柔和，但色温下降很大。

从理论上讲，人工光最好应该接近于自然光的光色，实际上常用色温低而有温度感的光色，2800—3000K的白炽灯或卤素灯最为适宜。对于白色4500K的普通型荧光灯和白炽灯混光使用，可以改善显色性，但在重视显色性的博物馆陈列照明中，大多采用普通荧光灯照明。

光色对观众有一定的生理作用、心理作用和其他作用。

①光色的物理效果

物体的颜色与环境的颜色相混杂，可能相互协调、排斥、混合或反射结果便影响了观众的视觉效果，使物体的大小、形状等在主观感觉中发生各种变化。这种主观感觉的变化，可以用物理量来表示，如温度感、重量感、距离感等。

②光色的心理效果

光色的心理效果主要表现为两个方面。一是悦目性，二是情感性，所谓悦目性就是它可以给人以美感，所谓情感性说明它能影响人的情绪，引起联想，乃至具有象征的作用。

③光色的生理效果

色彩的生理效果首先在于视觉本身的影响。也就是由于颜色的刺激而引起视觉变化的适应性问题。如何消除视觉干扰，减少视觉疲劳，使视觉器官得到平衡和休息，这是设计师应重点关注的一点。

自然光把展厅里如此复杂的
艺术品统一在同样色调里

三、光的意象演示

1．灯光表现力是创造艺术的重要因素。光的艺术就是利用光的表现力来美化环境空间。在利用光线为观众提供良好的视觉条件的同时，利用灯具造型及其光色的协调，使环境空间具有某种气氛和意境，体现一定的风格，增加陈列艺术的美感。使环境空间更加符合人们的心理和生理上的要求。从而得到美的享受和心理平衡。

①丰富空间内容

在现代照明设计中，运用人工光的扬抑、隐现、动静以及控制投光角度和范围，以建立光的构图、秩序、节奏等手法，可以大大渲染空间层次、明确空间导向、突出文物的重点照明，以吸引人们的视觉注意力，从而强调主次，也可以通过照明灯具的指向性使人们的视线跟踪灯具而达到设计意图所刻意创造的空间。

②装饰空间艺术

人工光的装饰效用可以通过灯具自身的造型、质感以及灯具的排列组合对空间起着点缀或强化艺术效果的作用。人工光的装饰作用除了与照明灯具的造型有关，也与展厅空间的形、色合为一体，为光线照射在展柜的文物或展柜外表和展墙的外露结构或饰面材料上时，借助于光影效果便将结构或饰面材料美的韵律揭示出来。

③渲染空间气氛

光的色彩和光的效能，用以渲染空间环境气氛，能够收到非常明显的效果，形成展厅空间某种特定气氛的视觉环境色彩，是光色与光照下环境实体显色效应的总和。因此必须考虑厅内环境中的基本光源与次级光源、重点光源的色光相互影响、相互作用的综合效果。

2．漫射演示：是一种柔和和谐调的表现形式，它往往以表现光效应为主，不过分注意灯具形式的表现，甚至有意将灯具隐藏起来，使灯光的特质充分地发挥出来。漫射演示具有亲切、温馨和梦幻般的诱人魔力，能使环境产生一种迷人的朦胧感，令人心旷神怡。它还利于创造优雅而安静的气氛，一般常用的手段是反射光，即灯具藏在暗处并不暴露灯具样式，而是靠灯光投射的媒体，如展柜上、下使光线减弱，呈现出漫射的晕柔效果。

3．声光演示：声光演示形式是现代声光科技发展的产物，它不仅具有色彩，还能与音乐、多媒体同步使用，产生特殊的光环境和展示效果。

2.4.5 陈列的视觉条件

1．光的质量好坏：为此应选用光色和显色性接近日光的电光源，使文物的颜色尽量接近固有色。

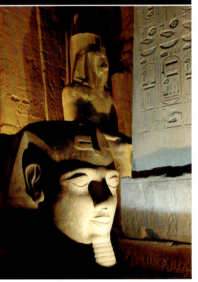

2．厅内色彩合理性：由于室内表面的相互反射，以致表面色彩会影响光线的颜色，从而有损于展品的显色性。为了避免这种情况，室内展墙颜色要使用灰色或者浅色为宜。

3．防止镜像反射：平滑的光泽面。尤其是通过玻璃来看展品的参观者本人或周围的物体映像会映到光泽表面上，有碍于对展品的观赏。为了防止这种情况，为观众创造良好的视觉条件，展品周围亮度应使展示对象的亮度与展品周围亮度之比不大于3：1，也不小于1：3。

4．在有条件的情况下，尽量利用天然光或混合光。

5．防止反射眩光。展品表面有光泽时，方向性入射光就会在展品上产生镜面反射。如果反射到观察者视线内，就会使展品对比减小。而不能真实地反映展品的形象和色彩。珍贵的纸制品、纺织品、漆器等，要另加处理。在展柜的玻璃上经常出现有害眩光，为防止这种反射眩光，可调动光源的角度和限制一定范围内或改变玻璃安装角度。即将光源设在斜线包围的区域内。这样，就可以防止光源反射的映像进入观赏者的眼睛内。

6 造型效果与阴影的消除。为使物体有良好的立体感，照明有一定阴影是必要的。扩散光照明阴影少，使物体表面凹凸状不明显，形象比较呆板，方向性光特别强时，阴影深而强烈，也会歪曲展品形象或产生不快感。因此，要想得到比较好的效果，阴影和投光方向必须适当。布灯

时，尤其要避免观赏者自身挡光所形成的阴影。

7. 背景灯光的配合。为了使展品达到完美的视觉效果，必须注意展示灯光与背景灯光的配合。只要光控条件良好，即使较低的照度水平也能得到满意的效果，特别对于某些在光照作用下易受损害的展品，更需要采用较低的照度值。

2.5 陈列照明的质量控制

2.5.1 概论

1. 画面照度的均匀度

一般画面最低照度和最高照度之比，不应小于0.7，特大画面不宜小于0.3。

2. 亮度分布

画面亮度应高于周围背景亮度，其亮度比不宜超过3:1，另外对照度水平相差悬殊的房间，

或是亮度很高的画面转亮度低的画面时，要考虑明暗适应，尤其是亮度逐渐变化的过渡区。

3.光和室内表面颜色

光的颜色对欣赏展品十分重要，为了使展品的色彩不失真，光源的一般显色指数 Ra 应在 90 以上，对于显色性要求不高的展品，如陶器等，可选用 Ra>60 的光源，展区内表面最好是中性色或极淡的颜色。

对金属或瓷器展品，为突出展品的色彩和光泽，可以用青色或茶色的粗纹布或无光纸作背景。

4.眩光的限制

直射眩光可通过灯具的合理布置和保证灯具必要的遮光角加以限制，反射眩光有两种，其限制作法如下：

一次反射眩光——光源通过画面、特别是带镜框的画面反射所产生，灯具布置在无反射干扰的布光区内即可消除。

若画面中心离地1.6m(下限)，下边离地 0.9m(下限)，画面倾斜度(t/1)小画面均为0.15-0.03m，大画面在0.03m以下。观众在距离为画面长边的1.5倍的位置，视点离地为1.5m，为防止反射眩光，对扩散光的投射角可考虑 10° 的余量。

2.5.2 亮度分布

人的视野很广。在展厅中，除了观众以外，文物展柜、展板、展台、顶棚、场景、灯具等都会进入眼帘。它们的亮度水平和亮度图式对视觉

产生重要影响。第一，构成周围视野的适应亮度。如果它与中心视野亮度相差过大，就会加重眼睛瞬时适应的负担或产生眩光，降低视觉功效。第二，展厅主要表面的平均亮度，形成展厅明亮程度的总印象，亮度分布使人产生对展厅空间的形象感受。所以，无论从可见度还是从舒适感的角度来说，厅内主要表面有合理的亮度分布都是完全必要的。

2.5.3 眩光

一、眩光的性质

当直接或通过反射看到灯具、玻璃柜、窗户等亮度极高的光源，或者在视野中出现了强烈的亮度对比时，我们就会感受到眩光。眩光可以损害视觉，也能造成视觉上的不舒适感。这两种眩光效应有时分别出现，但多半是同时存在着。对展厅光环境来说，控制不舒适眩光也就自然消除了眩光效应同光源的高度与面积成正比，同周围环境亮度成反比。

眩光指数与不舒适眩光感受的关系

眩光等级	眩光效应评判标准	眩光等级	眩光指数	眩光效应评判标准	眩光指数
A	刚好不能忍受	C	28	刚好能接受	16
B	刚好有不舒适感	D	22	刚刚感觉到	8

　　限制直射眩光主要是控制光源在45°-90°范围内的亮度，可采用以下几种方法：

　　1.限制光源的亮度或降低灯具的表面亮度，对于光源可采用磨砂玻璃或乳白玻璃的光源灯泡或灯具。

　　2.可采用保护角较大的灯具。

　　3.正确选择灯具型式，合理布置灯具位置和选择最佳的灯具悬挂高度，灯具的悬挂高度增加，眩光作用就减小。

　　4.产生反射眩光的原因，主要是由于室内环境亮度对比过大，以及光源通过光泽表面反射造

成。可以通过适当提高环境亮度，减小亮度对比，以及采用无光泽的材料来加以解决。如展厅的玻璃柜还可采用调整玻璃角度等等。

　　在视野内有亮度极高的照明体或强度对比，就可能引起不舒适或造成视觉降低的现象。这就叫眩光。眩光是影响照明质量的重要因素。影响眩光的因素主要有：光源的亮度、光源外观的大小和数量、光源的位置、周围环境的亮度等。

　　光源亮度是产生眩光的主要原因之一，周围暗，眼睛适应越暗，眩光越显著，光源亮度越

这道自然光的照射位置是在观众通道上，对作品没有很多影响

高，眩光越显著。光源越接近视线眩光越显著，光源面积越大距离眼睛越近眩光越显著。

控制眩光主要是控制光源在 r 角度 45°-90° 范围内的亮度，控制的方法之一是用透光材料减少眩光，二是灯具的保护角加以控制，可以采用其中一种方法，也可以两种方法同时采用。应使视觉不处在也不接近于任何光源同眼睛形成的镜面反射角内，或是在确定照明方式选择布灯方案时，力求使照明光源来自选择方向，最好使用发光表面面积大、亮度低的灯具。视觉中能触觉到的地方应尽量采用无光泽的表面。采用在视线方向反射光通量小的特殊光分布灯具。

二、反射眩光

减少反射眩光比较理想的方法是：

1. 使视觉对象不处在也不接近于任何照明光源同眼睛形成的镜面反射角内。

2. 使用发光表面面积大、亮度低的灯具。

3. 视觉对象和展厅内尽量采用无光泽的表面，采用在视线方向反射光通量小的特殊配光灯具。

三、避免眩光

1. 设计中避免陈列品靠近窗口陈列，陈列柜与窗口应有一定的距离，高侧窗柔光中，应得证有大于14°的垂直保护面，侧窗柔光中，应得证有大于14°的水平保护角。

2. 展厅墙面上悬挂板面或绘画，要注意调整好画面的位置、高度和陈列品设计布置在较亮的位置，而使观众所处的位置较暗。

3. 陈列柜与观众的光照反差加大，在设计

中要有意识地将展柜陈列品设计布置在较亮的位置，而使观众所处的位置较暗。

4．陈列中尽量减少或设法消除陈列设备的光滑面。

5．陈列中注意缩小陈列品与玻璃面之间的距离，展柜内背板及镜框内背衬不宜过深。因为深色的背衬与玻璃形成镜面反射，会将展厅内各方面的物像在平面镜上形成虚像无法消除，影响陈列观赏。

6．陈列室内的环境，包括墙面、吊顶、地面及其他设施不使用亮光材料制作，并将展厅空间的照度尽量处理得弱些，除了展品外，其他物像处于消逝和模糊状态，其效果更好。

7．陈列品与背景亮度对比要适当，为了看清展品与其周围背景之间必须存在亮度差别或颜色差别。不然会降低观看细节的能力，有时为了突出表现某种展品而用强光照射，展品与其背景的亮度之比可超出此范围。

2.6 陈列环境照明设计

在阿尔托的建筑里，光线、空间和结构总是结合在一起。光线是建筑的灵魂，路易斯康强调光明与寂静，指的也是光。在芬兰温暖的太阳光十分珍贵，阿尔托对建筑的采光方式考虑得很仔细，他的建筑中的任何一个开口及形状都有着特殊的意义。屋顶采光形式是他的建筑特色之一。早在1927年，他首先在维普里图书馆阅览厅内采用圆形屋顶采光窗，这种话筒形的圆锥体开口深1.8m，太阳光在内壁反射入室内，整个阅览室充满了漫射的自然光。人工照明不是直接照在桌面上，而是照在墙壁上再反射回来，即使在书架旁找书，人的阴影也不会遮住要看的书。这种采光方式与北欧寒冷气候很相符（我国北方也如此）。如果屋顶采光玻璃的面积过

大，冬天采暖会消耗很多热能，他把横梁设计成阶梯形，使太阳光不能直接射入内，而是照在横梁上，再反射入内。

展览照明设计的目的是首先满足观众观看展品的照度要求，既要符合观众的视觉卫生，又要保证展示的效果，其次是运用照明的手段渲染展示的气氛，创造一定的艺术氛围。

完全的天然柔光受自然光变化的影响，不易控制。所以除了一些大型的室外展示活动或简易的展示外，一般很少采用。

展示照明设计的基本原则
1.展品陈列区域的照度必须比观众所在区

1		
2	3	4

1. 香港大学博物馆
2. 自然光与人工光相互使用
3. 澳门历史博物馆二层空间上的自然光通过
4. 高大的展示空间照明设计要求更高

域的照度高。

2. 光源不裸露，灯具的保护角要合适，避免出现眩光。

3. 根据不同展品的要求，选择不同的光源和光色，避免歪曲展品的固有色。

4. 贵重的文物的照明须防止光源中紫外线对其的破坏。

5. 照明过程中必须确保防火，防爆，防触电和通风散热。

博物馆、纪念馆（如历史博物馆、自然博物馆、科学博物馆等）是观赏、休闲和学习教育的场所，其中有大厅、陈列展厅、会议室、报告厅等。而陈列室则是最主要部分。为了使展品得到完美的视觉效果，必须根据不同陈列方式，利用

展厅入口的光引导

灯光照明提供必要的视觉条件，使人们对展品本来的形状、色彩和质感看得清并得到美的享受。同时要防止紫外线对展品的损坏。

2.6.1 光与陈列空间

光是陈列空间的灵魂，陈列空间是通过各种形式的照明体现它的变化和存在的，光不但能体现一个实实在在的真实空间，同时还能创造一个虚拟空间，设计一个陈列展览就如用光来创造一件作品。序厅、展柜、展品、展品背景等使用什么样的光和什么样的照明方式，还有照明对各种文物的反射率等诸多因素，设计者要做到全面统一的考虑，并反复比较，使整体形成一个和谐的、在统一中有变化有明确节奏的重点突出的空间视觉艺术作品，正确地表现陈列主题。

由光线产生的空间效果是奇特的，既是虚拟的，也是实在的，既是感觉的，也是被视觉的。当我们知觉到光线下的阴影时，就意味着我们已经把式样分离成两层，下面一层，是有着均匀的亮度值和色彩值的基底，上面的一层就是含有一定的密度梯度的薄膜。我们再拿格尔克和拉欧所设计的一个实验为例。在距离被试者一定的地方放置一个外部刷成白色的木制圆锥体，这个圆锥体的基底的直径大约有 5 英寸，在试验开始时，先是把这个锥体躺倒，使它的垂直轴与被试验者的视线一致，在此之后又让这个圆锥体承受从各

个方向来的均匀光线的照射,这时候,被试验者看到就不是一个圆锥体,而是一个白色的圆盘,然而当试验者让这个圆锥仅承受从一个侧面来的光线照射时,它看上去就又是一个圆锥体了。很明显,在试验者用均匀的光线照射这个圆锥体的时候,如果把它看成是三度的,就不会使它的结构简化,而在这个圆锥体处在从侧面来的光线照射下的时候,就会把它知觉为一个三度的圆锥体,虽然出了一个与不均匀分布的阴影相分离的均匀同质的白色表面。第二,它将灰色的阴影转变,使它具有了向第三度伸展的特征。正如在线条透视中轮廓线的集聚看上去不是这件事物的形状特征,而是这件事物在深度上的倾斜所造成的后果一样。事实上,普通人对这些阴影往往是不注意的,他们总是觉得这些阴影无足轻重。在一般的场合下,即使我们要求他们对自己看到的某一物体的外表加描述时,他们也根本不会去提及它们。举例说,当我们观看一个光线照射不均匀的房间内部时,就往往会发生这种情况。然而在这种普通的房间里,确乎是存在着一个从光源开始一直向最黑暗角落里伸展的亮度梯度。每个陈列设计者都很清楚,这样一种不均匀的照明,对提

高深度效果是多么有用。因为这样一种不均匀的照明法不会被知觉为光线本身的性质,而是被知觉为被照射事物的空间特征。

在一些大的文物上和展厅中,某一点的黑暗还能确定这一点与最亮点之间的距离。为了能够制造出一种距离均匀增加的印象,投射在视网膜上的黑暗度的值,必须以一种特殊的速率上升。当前景中的一个黑暗的物体看上去几乎要进入背景时,这两个面之间的距离就会因为两者在亮度上的巨大差别而显得更为明显。同样,如果把一个明亮的物体放到黑色的基底前面,也会产生同样的效果。当我们要把一个具有复杂形状的物体再现出来的时候,就要使它的轮廓与它的亮度分布互相配合,以便产生一个空间"浮雕",如青铜器。那些具有相同的空间定向的区域,在视觉上是通过它们相同的亮度值联系在一起的。在这一空间"浮雕"中,两个处于任意位置上但又互相平行的面,都会被眼睛看成一组,这种关系网络,是创造空间秩序和空间统一的有力手段。

另外，我们在布展中经常遇到光的反射问题。因为人们不能直接地区别反射光线和照射光线，所谓的"清晰与模糊"问题，罗格·帕里斯认为：清晰不仅仅在于将一个物体直接暴露在照射光线下面，而是在于该物体所有的色彩能否显露出自然的光辉。模糊也是如此。它并不是由于光线的显而复失引起的，即使一个物体表面全部都是由褐色组成的，当它们直接暴露在光线照射之下时，也能产生模糊，甚至还能和那些与它亮度相同的别的物体混淆在一起。

一个圆面，如果将它单独照亮，它看上去就似乎是具有极明亮的色彩，而这样一种圆面是很容易在展中通过光线的照射复制出来的。反过来，投射效果也可以运用适当的明暗度进行抵消。举例说，经过适当的光线照射，就可以使一个物体的圆球形状消失，这样一种原理可以运用到伪装术中，那无数形状不同，色彩各异和属类

不同的动物，都是由于它们毛皮各处明暗度搭配的不同，才造成了它们色彩上的差异。这些动物都是背部色彩最暗，腹部色彩最浅，侧部的色彩由暗变淡，形成一定的梯度。然而，从高空往下观看这些动物时，它们便在均匀光线的照射下失去了立体感。

建筑艺术中还流传一种说法，在安装窗子或门的那一面墙上（背光）要涂上比受光线直射的那几面墙壁上更为明亮的色彩，这样一来，因投射而造成的明暗差别就会得到抵消。

利用一个光源是陈列设计中常用的手段。然而，设计者们总是想利用更多的光源来创造空间和情调或氛围，在技术上能避免过多的黑色阴影。因为利用几个光源照射点以产生出比较均匀的照明亮度。换言之，这几个光源中的每一个光源都可以产生一个独立的和清晰的亮

```
   | 2 | 3 |
 1 |———————|
   | 4 | 5 |
```

1. 自然光太强会使文物变得单调
2. 光的色调令人舒服
3. 照明设计把极单纯的空间变得很丰富
4. 整个采光天棚是太阳能技术的使用和表现
5. 自然光的利用

2
1 | 3
4

1. 自然光和人工光实例
2. 这组照明设计使空间更通灵、更丰富
3. 顶部的采光天棚是半弧形的
4. 自然光的利用方式

度值分布。几个这样的亮度值分布合并起来之后，就可以在视域中产生出某种秩序。但是，这几个光源也有可能互相干扰，因为每个光源都会部分地增加或推翻对方产生的效果。这样一来，各个物体的空间关系和形状就会令人难以理解。因此，要想使几个光源互相配合，设计者就必须首先设法分清这些光源的主次，选择其中一个担任"放射光源"这个主要角色，用其余的光源来产生微弱而又明显的起抵消作用的光线。

阴影，有投射阴影，也有附着在物体旁边的阴影，附着阴影可以通过它的形状、空间定向以及它与光源的距离，直接把物体衬托出来，投射阴影就是指一个物体投射在另一个物体上面的影子，有时还包括同一物体中某个部分投射在另一个部分上面的影子，一座房子的投射阴影可以跨过大街与对面的房子相接触，一座大山可以用它的投射阴影把坐落在山谷中的整座村庄遮盖住。因此，投射阴影的能力，往往被视为物体所具备的一种能够发射"黑暗"的神奇能力。然而，要想使阴影的象征意义在艺术中得到积极的应用，就必须使眼睛真正理解造成阴影的那些情势，需要眼睛直接领悟的情势主要有下面两种，第一，

阴影并不属于它所附着的那个物体本身，第二，它明显属于另一个未被阴影掩盖的物体。但是，在大多数情况下，这种情势并不是由眼睛直接把握的，而是由理智推断出来的，在运用投射阴影时，必须格外小心，最简单的阴影就是那种与投射物体直接连接在一起的阴影。例如，与人的脚在地面上相交的影子，当地面平整，太阳以45°角照射时，才会产生出一种非变形的人体影像。这种有生命的物体和无生命的物体直接连接在一起的阴影，虽然能把这些生命体形状以及它们的一举一动都逼真地再现出来，但它们自身都是透明的和非物质的。

照射光线还能使一个立体中那些均匀同质的部分变形，这种变形，是依附在这个立体旁边的影子把它的某些表面部分遮黑而达到的，不管是物体的形状还是这个物体的局部的亮度，眼睛都能根据这一物体在空间定向和照射作用的双重作用下的变形把它们识别出来，这些变形在确定物体形状、空间定向和位置诸方面，都是有很高价值的，没有这样一些变形，我们就很难具有空间知觉。

2.6.2陈列空间序厅的光

　　陈列的序厅，是让观众对陈列内容有简明概括的了解，序厅的光一般多使用鲜明、突出、饱和而而富有魅力的照明，以创造能充分体现该陈列的特有气氛，序厅同时又是观众由室外到陈列厅之间的过渡和缓冲地带，并且在此产生第一印象，应当利用光色构成亮点和兴奋点引起观众的视觉关注，激发兴趣，引人入胜，达到吸引观众层层深入参观的欲望。

2.6.3陈列室的光

　　陈列室的用光，应首先考虑如何烘托陈列品，突出陈列品，为观众创造出一个安静、舒适的参观环境。陈列室的照明应当是有主次有重点有突出，不单调，变化而不紊乱，沉着而不郁闷，明快而不轻浮，以自然光或自然光与人工光并用，应尽量避免眩光，可利用自然光作为辅助光或补光，而以人工光为主要光源，重点照明、场景照明，陈列室内的饰面尽量采用淡绿、淡灰、淡黄、淡青等中性色较为相宜。因为，这些色彩对陈列内部的光线吸收很少，能够很好地散发出反射光线，增加室内的照度，当然这主要是自然光下的展陈。在人工光照明的陈列室内，

光色与展厅的氛围极融合

这种高侧窗在我国许多博物馆均使用

由于需要灯光集中照射到展品上，突出陈列品，所以周围环境光要尽量可能的暗一些，观众通道照明也只能是让观众看清展线即可。所以在人工光照明的陈列室环境中，饰面应以灰暗调为主，以适应人们对周围环境的要求。

2.6.4 陈列展品与光

在陈列中，展品为主体，依托空间则称为背景，照明中，有的光色可使人们产生强烈的视觉印象，有前进的性格，有的光色却是消极地远离视觉，具有后退的感觉。一般在陈列照明设计中，主体要比背景更明亮、更鲜艳，以形成明确的图形效果和反衬效果。主体和背景色彩的明度和纯度不能太接近，如果两者对比很弱，就会出现视觉混淆，主次不分，观看不清。在面积上，光线的运用应做到主体图像要小，背景光面积要大、要暗些，这样才能形成对比，才能相互衬托，有效地突出主体。

对于小型器物、陶瓷、漆器、玉器、紫砂、金银器等容易损坏的文物，一般是放在展柜内展出，对这类精品需要有较好的照明亮度，使之能很好地观赏展品的细节、纹理，照度以2001x为

宜。此外，还必须注意排除影响视觉的反光，以及如前所述的白炽灯或荧光灯产生热量时的控制问题，防止展品表面正反辐射的措施，调整光源和展品的相互关系，防止由于玻璃表面的反射而产生的眩光，必须调整其位置，使眼睛的位置不在光源或窗户之类的高亮度物体或玻璃的正反射方向。

防止镜前反射，必须使反射的映像从正面离开，或者使照明器只照到玻璃的内部，以提高展品和观众侧面的亮度对比，防止反射映像的影响。

2.6.5 局部照明的应用

1. 墙面照明法。效率高，不易产生眩光，艺术性也容易达到。

2. 建筑化墙面照明法。能防止眩光，光指向性强，常用格栅照明（洗墙灯）。

3. 墙面重点照明法。当前多为展示地及展示尺寸不固定的情况，采用此法照明灵活性大，适应性强，并突出重点效果好。

2.6.6 重点照明设计

博物馆的展品可分为立体、平面等形式,按展出时间可分为固定展和临时展两种,以下展品需要特殊照明。

1.大型三维展品

大型三维展品即立体展品,如雕塑、家具等。常用下列照明方法:

①点光源照明从一侧来。而泛光照明要从另一侧来,造成不同程度的阴影,突出立体感。

②应用不同颜色的光从不同方向投射,造成展品的突出印象。

③只有一个观看方向的展品应从观看方向投射。

2.垂直面上的平面展品

①垂直墙面上的展品照明一般采用荧光灯,它可以提供柔和边缘的光线。使得垂直面有良好的亮度对比。

②发光板照明方法。

③感应系统照明法。

④光纤照明法。

3.展柜

展柜照明一般是在柜内设置,也有在外部用射灯照明的,通常使用荧光灯。因为它发光量大,发热量小,且通过处理(如内或外喷防紫外线材料)可防紫外线,但要考虑其镇流器的发热和发声对展览的影响。有时也可采用白炽灯增加展柜内的暖色调,加强局部照明。但发热量大,需注意解决通风问题和灯具的置换。

展柜照明要注意下列问题:

1.展柜中光源要隐藏好,不能让观众看见。

2.大型展柜要保证柜内照度均匀,均匀度不宜小于0.3。

3.要避免展品面和展柜玻璃面的反射。必须注意光源、展品和玻璃面方面的相互关系(图359R)。

4.注意加防紫外线措施。

5.为解决展柜升温、应使用单位照度发热量小的光源,并设自动或手动开关,有观众时灯亮,无观众时灯灭。

两种光源：自然光引导视觉向上，而人工光源引导视觉向黑

2.7 控制系统应用设计

2.7.1 控制系统应用设计

作为完整的应用设计应该包括灯光和控制设计两方面。具体可分五步骤：

1. 光空间设计，光的功能是多方面的。它能揭示空间、限定和改变空间。控制光的角度和范围，可建立空间的构图和秩序，改善空间比例，增加空间层次，强调趣味中心和明确空间导向作用，不同的空间环境应采用适应的照明控制手段以产生不同的艺术效果。
2. 灯型选定和灯具的布局定位。
3. 控制功能确定。
4. 绘制照明平面图。
5. 控制系统配置设计。

白炽灯或荧光灯智能照明控制系统的特点：
① 适应场合广泛

Ynalite智能照明控制系统"模块化结构"和分布式控制是有别于目前国际上所有照明控制系统的最大特点。它致使利用多种易于安装的"标准模块"以实现设计师的任意照明构想成为可能。其低价、灵活的"功能模块"既可独立使用，也可将"功能模块"利用网络控制软件像积木一样组成大型分布式照明控制网络。该系统是博物馆陈列展览较理想照明控制设备。

② 可观的节能效果

Ynalite使用了最先进的电力电子技术，能对大多数灯具（包括白炽灯、卤钨灯、日光灯、霓虹灯、灯带配以特殊镇流器的金卤灯和其他绝大多数光源的灯）进行调光。智能利用自然光照，室外强室内自动变暗。室外弱室内自动变亮，使室内保持恒定光照，以及自动实现合理的能源管理等功能，可以节电20%以上。

2.8 光与人体工程学

陈列设计的服务对象是观众。陈列设计只有通过观众的参与才能最后完成其设计意图，才能达到设计的目的。评估陈列的客观标准主要看观

众的反映，因此，我们进行陈列设计时要了解观众的情况和需求，特别是观众的生理和心理特征，加强对人体工程学的研究。

陈列设计人体工程学主要涉及陈列形式与人的关系。陈列环境与人的关系，为了更科学地实现陈列的实用功能与审美功能，就要把人体功能放在中心地位来研究，解决人与陈列形式、人与陈列环境的适应性问题，这种适应性具有美感的宜人性、柔和性。陈列形式要集中造型、色彩、材质，空间设计和陈列环境中的光、声、温度、湿度、气体等因素，都与人体测量数据和人的感知特征有直接关系，所以设计师应关注"人性化"的设计。

陈列设计中的光照设计属于视觉范畴的设计，因此，要研究人的视觉特征，要按人的视觉规律进行科学的设计。光照对人的心理会产生强烈的影响，陈列设计中要把光照设计作为重要的艺术手段加以运用，以提高陈列的表现力和感染力。

2.8.1 人的视觉特征

1.视野：指眼睛观看物体时，头部和眼球固定不动，观看正前方所能看见的空间范围，常以角度来表示，在垂直方向约130°，在水平方向约为180°。在垂直方向6°和水平方向8°的角度内见到的物体，真像落在黄斑上，影像落在中央凹的物体视角只有1.5°左右，影像落在黄斑和中央凹的物体看得最为清晰。因此，眼睛的最佳看看范围是很有限的，观看大的物体时，由于眼球的转动速度快，所以还是能获得整个物体的清晰形象。

2.视角：是被看对象中的两点光线投入眼球时的相交角度，它与观察距离和被看对象上两点的距离有关，视角往往是确定设计对象尺寸大小的根据。

3.适应性：人眼对光亮程度变化的适应性，

眼睛从大的亮度部位转移到小的亮度部位，眼睛不是一下子就能看清物体的，而是要经过一段时间才能看清物体，这个过程叫暗适应，反之叫明适应。暗适应时间较长，一般要经过4－6分钟才能基本适应，明适应时间较短，一般在1分钟左右就可完全适应。由此可见设计中光线明暗变化不应过大、过多，这样容易引起视觉疲劳。

4．对比度：眼睛要能够辨别某一背景上的物体，必须使背景与物体有一定的对比度，这一对比度可以是光的照度对比，也可以是色的对比。

5．眩光：物体表面产生刺眼的强烈光线叫眩光，眩光有直接眩光和反射眩光两种。眩光可使人视力下降，造成视觉上的不舒适感。

6．颜色视觉光有能量大小和波长波短的不同，光的能量大小表现为人对光的明暗感觉；光的波长波短表现为热对光的颜色感觉。陈列中色彩的运用是设计的重要表现手段。

7．视觉的运动规律：眼睛的水平运动比垂直运动快，即先看到水平方向的物体，后看到垂直方向的物体。横向的长方形的造型设计容易得到较好的视觉效果，视线习惯于从左到右和从上到下运动，看圆形内的物体时，总是沿顺时针方向看得迅速，眼睛朝上下方向运动比在水平方向运动容易疲劳，对水平方向的尺寸和比例的估计比对垂直方向的尺寸和比例的估计要准确得多。当眼睛偏离视觉中心时，在偏离距离相同的情况下，人眼对左上象限的观察率先于右上象限，对右上象限的观察率先于左下象限，右上象限最差。两眼的运动是协调的、同步的，对直线轮廓比对曲线轮廓更易于接受。

2.8.2 光与视知觉

对象中的颜色只不过是与其他光线相比，更多地反射这种或那种光线的一种倾向。在光线中它们只不过是在感觉中枢中传播这种或那种运动的倾向。因此在感觉中枢中对于在颜色形式下的那些运动的感觉较难把握。

颜色可以由五种不同的方式来考虑：

1．可把它们看作光本身所固有的特性。

2．看作存在于被说成带有某某颜色的物体的性质

3．可把颜色看作我们的视觉器官的激情，或者与此同类，得自光的冲动或震击引起的视

网膜纤维的颤动。这种颤动被传至理智所在的感觉中枢，否则它什么也知觉不到。

4. 可把它们看作心灵本身的激情、感觉或知觉，即我们器官的颤动在那里激发的观念。

5. 可把颜色看作我们的头脑在断定其感觉或知觉到的东西存在于被说成带有颜色的物体而不是存在于大脑时所形成的判断。

眼的屈光系统即活动晶状复合体由三个主要成分构成：触膜、水状液与晶状体。

弱光感受器即杆状体对蓝色波长最敏感，而强光感受器即锥状体对红色波长最敏感。

照在色彩上的光使色彩产生相当大的变化，在烛光下，蓝色好像绿色，黄色好像白色；在微弱的日光下，例如黄昏时分，蓝色好像白色。设计者知道，有些色彩在烛光下比在日光下鲜明得多。也有一些色彩在日光下十分鲜艳，但在烛光下，它们的美就荡然无存了。例如，铜像在烛光

下好像是很漂亮的颜色，但它变得浅淡即混以大量的白色时，就成了很微妙的蓝色，人们或者称作绿色或蓝色的那些灰颜色在烛光下好像是一种极微妙的蓝色。含有胭脂红的红色在烛光下显得很鲜艳，而诸如洋红和朱红之类的其他红色却显得暗淡。

那么在光的作用下，我们的视觉可用六种方法判断对象的距离，即其外观上的大小、颜色的鲜明、较细部分的清晰度、眼睛看不同距离的对象时所必要的位置，两眼轴线的方向。

对如何装置灯光和墙壁的颜色也存在着许多讨论。一种人赞成应当主要依靠日光，另外一种人则坚持应该主要采用灯光。有些专家则喜欢比较分散的、有限制的灯光。究竟应该使灯光成为固定的呢，还是成为可以移动的？采用什么灯光才能使艺术品表现出最好的特征？什么样的灯光会使艺术品的特征受到歪曲或变得模糊？墙壁的颜色应该是平淡单一，还是用不同颜色和不同质地纺织品裱糊？什么样的墙壁能使艺术品最好地表现自己的特征并产生最好的总效果？这是设

计人员应重点考虑的。

设计者把光线转换成了作品，再由纯粹的颜色转换成光线。这里的光线不是自然之光而是艺术之光了。

无论我们是小鸡还是人类，从视网膜上得到的，都是一些混乱的舞蹈的光点，它们刺激向大脑传递信息的视网膜上的杆状和锥状细胞，我们看的是一个稳定的世界，它通过想象的一番努力和一套相当复杂的器官来认识存在于二者间的巨大鸿沟。举任意对象为例，诸如一本书或一张纸片，当我们用眼睛扫描的时候，它投射到我们视网膜上一个不稳定的、一掠而过的、不同波长和强度的光的型式，这种几乎从不能精确地复现，因为我们看的角度、光线、瞳孔的大小都产生了变化，朝向窗户的一张纸片反射的白光是背向窗户反射的光线的两倍，这不是我们没有注意到变化，如果要估计明度，我们还必须注意，但我们永远不会意识到所有变化的实际程度。在阴影中的一块白色手帕客观地看上去比阳光下的一块煤还要暗。我们很少把煤与白手帕混淆起来，因为

煤总体上总是我们视觉领域中感觉最黑的东西，手帕是最白的，它所涉及的也是我们知道的，是相对的亮度。事物的颜色、形状、亮度对于我们保持着相对的常性，虽然我们会注意到因为距离、照明度、观看角度等等的不同而产生的一些变化，我们的展厅有时从上午到中午直到黄昏保持不变，里面的文物也保持其形状和颜色不变，只是我们需要专门注意这些事物时，才会真正意识到不确定性。我们不会在人工光线下去判断一种不熟悉的布料的颜色。如果有人问我们展板中的画挂得是否垂直，我们要走到画的中央才能判定。另外，我们留余地的能力，仅靠关系进行推断的能力是令人吃惊的。

一种微弱的光线会妨碍观看，但借助于眼睛的生理适应性，我们会很快获得对关系的感觉，这个世界仍是呈现出它熟悉的面貌(在光照的亮度与颜色中辨别出事物的固有色)。

2.8.3 光与感情

光本身并没有情感，自身也不具备对人产生情感的条件，而由于人们通过视神经的感受，

人们见了各种光色引起了心理和生理上的变化，产生联想，当看到阳光或室内的暖光色就会感到温暖、热烈、喜悦、兴奋、活泼等；看到月光和室内的冷光就有清澈、沉静、素净、镇定等感觉，这种联想从而促成了人们的情感表现。

由于光与色的关系，色是通过光而显现的，因此光与色从某种意义上来说是分不开的，观众对于光色的感情是错综复杂的，感情又与人们内心世界的观念、情绪、想象、习惯等结合在一起。此外，人们的这种种不同的感受、情感又是随着时代的变化而变迁，随着民族情感的不同而不同。从而，人们根据大多数人对光色的感受赋予它象征意义。

人们在黑暗中渴望光明，这时人们感觉光明真好，但盛夏那刺眼的阳光也会给人们不适的感觉，从而心理上又会祈求一片阴凉，黑暗中一束烛光虽然不够明亮，却给人一种温馨的感觉。

2.9 照明标准与陈列环境

2.9.1 眩光要求

在视野内由于亮度的分布或范围不适宜，或者在空间上或时间上存在着极端的亮度对比，以至于引起不舒适和降低目标可见度的视觉状况。

直接眩光：由视野内未曾充分遮蔽的高亮度光源所产生的眩光。

反射眩光：由视野中的光泽表面反射所产生的眩光。

优良的照明质量由以下五个要素构成：①适当的照度水平 ②舒适的亮度分布 ③宜人的光色和良好的显色性 ④没有眩光干扰 ⑤正确的投光方向与完善的造型立体感。

为特定的用途选择适当的照度时，要考虑的主要因素是：①视觉功效 ②视觉满意程度 ③经济水平和能源的有效利用。

展厅照明并非越均匀越好，适当的照度变化能形成比较活跃的气氛。展厅的亮度分布是由照度分布和表面反射比决定的，视野内的亮度分布不当会损害视觉功效，过大的亮度差别会产生不舒适眩光。

光源的颜色质量包含光的表现颜色和光源显色性能两个方面。例如，含红光成分多的"暖"色灯光(低色温)接近日暮黄昏的情调，能在室内形成亲切轻松的气氛，适于休息和娱乐的照明，而需要紧张地、精神振奋地进行参观的展厅则采用较高色温的灯光为好。

如果灯、灯具、窗子、玻璃或其他区域的亮度比室内一般环境的亮度高，人们就会感到眩光。眩光产生不舒适感，严重的还会损害视觉功效，所以参观的展厅必须避免眩光干扰。

参观美术馆或博物馆，观众依靠灯光观看展品，其照明设计既要考虑展品的独特要求，同时还要重视观众的舒适感和视觉效果，因此需要有一定的技巧、手段和方法。另外，光线不能损害展品，这是照明设计中一项需考虑的重要因素之一。

2.9.2 色温要求

物理上有一假想物体为墨体，将其温度升高到 KELVIN 氏温度 2000K 左右，则有类似烛光的红黄色光线发出；温度升高到 2800K 左右，发生的光线变成类似钨丝灯的金黄色；到 3000K 左右，光线略为转红；类似卤素灯的光色，在 4000K 左右，为白中带有微黄的光色；类似白色日光灯管的光色，在 5000K 时，呈现直射阳光的光色，与昼白色日光灯管的光色相类似，到 6500K 左右则为白中带有微蓝的光色，类似由天空中扩散到地面的昼光。

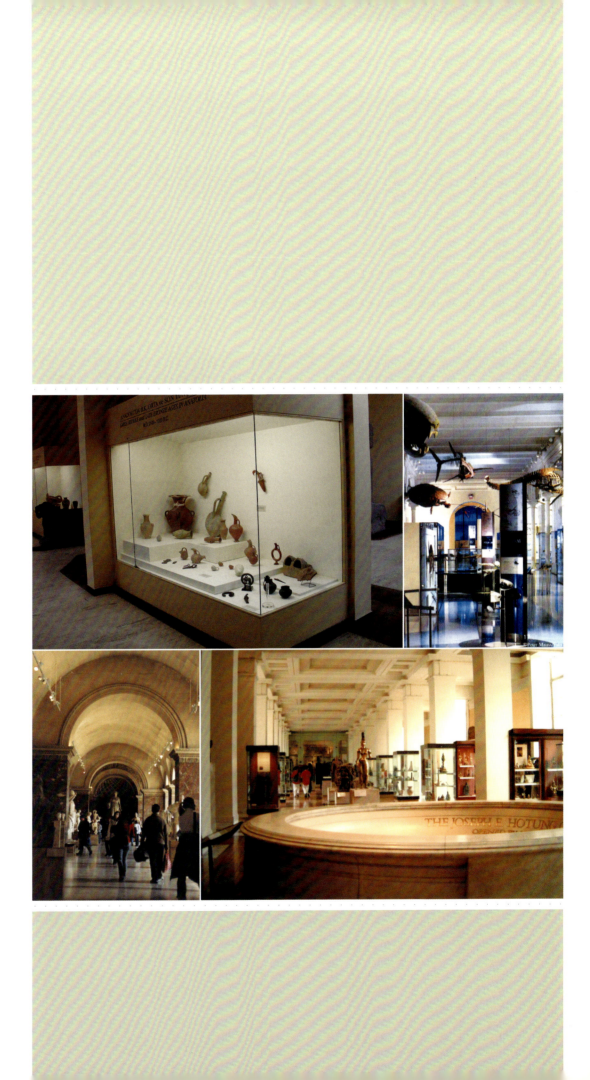

色温较低的光线，在冬天较富温暖感，但夏天亦相对地带有温热感，在低照度下，色温较低的光线能使人的眼睛发挥较好的视觉。另一方面，色温较高的光源通常发光效率较高，可节省能源，较高的色温亦与自然光的色温接近，适于自然光混合使用，在展厅中，若以卤素灯与5000K或4000K左右的日光灯共处一室，可获得很好效果。

2.9.3 照度要求

不论使用什么光源，陈列照明设计中对不同的展品或文物一定要不同的照度，照度太高，对文物展品有破坏作用，照度过低，反映不出展品或文物的特征和真实面貌，观众看不清楚，这都会造成遗憾的观赏难度，展室内一般照明与重点照明只有按照一定的标准去设计，才能达到理想的照明效果。

中国《博物馆建筑设计规范》中提出展品照度的推荐值

展品类别	照度推荐值（K）
对光不敏感：金属、石材、玻璃、陶器、珠宝、搪瓷、珐琅等	≤300（色温≤6500K）LX
对光较好敏感：竹器、木器、藤器、骨器、油画、壁画、角制品、天然皮革、动物标本等	≤180（色温≤4000K）LX
对光特别敏感：纸制书画、纺织品、印刷品、树胶彩画、染色皮革、植物标本等	≤50（色温≤2900K）LX

国际照明委员会（CIE）的博物馆、美术馆照明标准（1986年）

品名	推荐最高设计照度
对光不敏感：金属、石料、玻璃、陶器、彩色玻璃、珠宝、搪瓷	没有限制，实际上根据陈列要求和辐射热的情况考虑
对光敏感：油画、用蛋白质颜料作绘画，不染色的皮革、角制品、骨制品、象牙、木制品和漆品	150
对光特别敏感：纺织品、服装、水彩画、地毯、图片和素描、邮票手稿、袖珍画、胶画、壁纸、树胶、水彩画、染色皮革，许多自然历史展品（特别是包含皮肤和植物标本）	50

CARROLL AND
MILTON PETRIE
EUROPEAN
SCULPTURE
COURT

美国大都会博物馆

照度是指同一件陈列品，同一个展柜或同一展室内，不宜出现高照度与低照度部分的强烈反差，光照反差过大，人眼睛瞳孔受生理的限制，难以很快适应光照的变化，使眼睛受刺激，长时间的参观，很容易引起视觉疲劳。一般地说，对具体的一件文物，在展示中凸起的部分明亮、突出，凹下部分的暗处应能以看清楚纹饰为限度。

人工采光照明可以完全满足文物照度稳定的要求，但由于展柜设备的原因和照明设备的老化，会明显降低展柜的光照度。

天然柔光中，展室、展柜的光照随时受到室外天气变化的影响，有时甚至光照直射入展厅或展柜，在这种情况下，就要对采光口（窗口、门口）采取一定的补救措施。例如光线过强时，

可用窗帘、百叶窗、折光板、挡光板等遮挡，以调节光照度，遇上阴雨天、光线灰暗、室内采光照度不足时，需要及时打开窗帘或配以适当的人工照明补充，以缓解和调整展品的照度，同时要注意配置这些人工照明时，要认真考虑光源位置和光线的投射角度，注意光源的隐蔽性，千万不能以一般生活空间照明方式去补充照度不足。

陈列采光设计中，各展厅之间的照度根据不同要求允许有所变化，并且各展厅由于光照度的变化，往往会使整个陈列气氛有了起伏，调节观众心理，增加观众的参观兴趣。然而，从生理上讲，人的眼睛对光照变化的调节和适应需要一定的过程，展厅之间明暗变化不宜太大，要适度，展室与展室之间的照度，从光源的选择搭配到照度的控制应当避免出现"落差"变

国际博物馆协会（ICOM）的博物馆照明标准

展览物体类型	推荐的光源	可接受的照度（LX）
对光实际上很不敏感的物体：金属、陶器、矿物、首饰、玻璃、搪瓷	色温4000K、6500K的荧光灯、普通白炽灯，经过控制的日光	不用必须超过300Lx，除非为了强调某位置，高照度会出现危险的过热，除非用荧光灯
大多数物体和样品：油画、胶画、未加工的皮革、漆器、木制品、角制品、象牙制品	双涂层荧光灯，色温大约4000K，如37号灯或同样光谱的荧光灯，经过严格过滤的日光	使用照度最大150、180Lx，同时决不能超过300Lx
对光特别敏感的物体：水彩画、纺织品、挂毯、服装、印刷品、图画、邮票、版画、原稿、缩微画、糊墙纸、染色皮革、自然历史标本	双涂层荧光灯，色温大约2900K，例如27号灯或同样发射光谱的荧光灯	不大于50Lx（尽可能更小），同时严格减少展览时间

化。

2.9.4 照度推荐值

在展品表面上具有适当的照度是保证观众正确地识别颜色和辨别它的细部的基本条件。陈列室内展品的照度最好保持在100—200Lx左右，最低不能低于80Lx。

从保护展品要求出发而建议的照度可参看表。当采用低于50Lx的照度时，则必须有良好的控光和展品的正确陈列技术。

在书画馆里，除了要保证悬挂作品的墙面上有足够垂直照度外，还要求在一幅画上不出现显著的明暗差别（如上博绘画馆的照明设计很成功）。更希望在整个墙面上照度分布均匀。从整个厅的布局方面，应按照展览路线来控制各个展柜的照度水平，使观众的视觉得以适应，而不致感到反差太大而不舒适。

博物馆的推荐照度值

展品	推荐的最大照度（Lx）		
	国际博物馆协会	英国照明工程协会	美国照明工程协会
青铜器、雕塑、陶瓷、玉器	无限制。一般在300以下（色温4000—6500K）	视陈列情况，可不加限制，实际上要考虑辐射热	200—6000 视材料及颜色而定
油画、木制品、角制品、象牙、钟表、竹制品	使用值为150—180（色温4000K左右）	150	200
纺织品、纸制品、漆器、文献、壁画	50（如可能应进一步降低）（色温2900K左右）	50	（短期展览为600）200

展品对照明设计的要求为：

1.光源的发热量应尽可能地小。

2.所有带辐射性的光源和灯具均要加滤光片。

3.总曝光量应被限制在最小范围，美术馆和博物馆的展品每年总曝光量限制推荐值表对于调度敏感的展品，光照应包括展览时及非展览时的全部光照。

4.如果持续日光，对于最珍贵最精致的展品，其照度不应超过50Lx。

5.光的显色性好，色温要适当。

6.当观众看展品时，要防止在画面上产生反射眩光。

7.博物馆展出的展品，在文物上要有一定

的照度均匀度，对立体展品，照明要体现立体感。

8.博物馆的照度不宜太高，也不宜太低。

9.平面文物照度与通道、大厅照度要有一定的比例关系。

良好的质量和合适的照度不仅可以为观众提供欣赏艺术作品最佳的观看条件，而且可减少视觉疲劳，同时也能保护展品。

①展品照度推荐表

②部分国家和国际组织推荐的照度标准表

③部分国际组织和国家推荐的质量标准表选取标准时，应注意以下几点：

①照度不是越高越好，如一般绘画作品，

150—200Lx比较合适，因为照度太高不仅会引起展品褪色，对保护展品不利，而且从视觉舒适方面也不利。据IES（英）研究报告介绍，试验表明150—200Lx的照度对颜色的识别效能最佳。

②不同展品要求不同照度，设计时要照顾展品的可变性，照度要有一个范围，而且可调。

③要对照度、均匀度、亮度分布、光影、立体感、颜色和眩光等给予足够的重视。

陈列空间用光

在陈列展览中的照明设计首先是考虑照度。这是根据室内的工作难度进行的。所谓工作难度包括所辨认的细节尺寸、对比大小、时间长短、人员年龄等。为了确保展出效果，让观众的注意力集中到展品上，照明应把展品的形状、色调和质感显示出来，给人以强烈的视觉印象，这需要使展品比背景更为明亮而凸出，但又不能过于强调而失去展品和背景的协调，我们无法知道光源有多少光投射到展品上。而只能看见展品反射我们眼睛中的光，即目标亮度。由于室内所有展品的特性变化很大，我们藉它们的亮

度分布所呈现的对比感知它们，如果亮度差别太大时可使知觉造成困难，时间一长会引起眼睛疲劳，从而影响展出效果。因此细心地将视野中的展品表面扫射率很好地匹配是保证舒适的视觉的主要要求。室内亮度分布的合理，还能起一种组织作用，例如用一个展品、一个区域，或与另一个区域联系起来，展品表面的亮度高低要考虑光和热的影响，其推荐值为：木料、石料的雕刻是300—1500LX，金属雕刻为750—1500LX，对于造型物和模型则幅度要大一些，展品表面灰暗时则亮度要高一些。要使观众在馆内观看时感到安定、舒适、疲劳少，室内如具有与照明协调的令人愉快的色调，对于观看的舒适还有很大的帮助。应避免形成强烈的亮度对比和色彩对比，这样可使观赏者将注意力集中在展品上，避免分心。亮度分布的规律在视觉中和背景高度比不要大于3：1，同时也不要小于1：3。在陈列展览中的设计选择光源和灯具时应和表面反射结合起来加以考虑，应尽量设计背景不单调而又舒畅的陈列照明环境、展厅的照

明、光线主要集中在展柜中，所以，就不必采用传统式的整体照明。过散，会因周围的展品和小面积的空间过多地暴露，造成心理上的压抑感，反之，照明力度不足，则又有损于展厅的雅气和人的视力。展厅内的一般设计时取50—100LX即可，主要是考虑到观众行动的需要。因此，采用局部照明方式比较符合人的生理和心理需求，局部照明往往可以使展厅环境产生宁静柔和的效果，增强生活情调。另者，展厅的空间布局要上下呼应、左右对称体现整体美。空间照明宜采用局部漫射，冷光源色来突出宁静柔和美，用不同的光照效果来创造展厅环境气氛，都将有助于观摩，休闲。

平面文物用光

凹凸感的展品挂在墙面上展出时要得到立体感强的照明，但大部分展品是属于照片、画、书籍或挂在墙上的装饰等平面的物品。在展出这些物品时，重要的是要容易看得清，平面的展示照明要考虑到：正确的显色性，不加凹凸

画面的扩散性，画面上的亮度及其均匀度，反射眩光和光幕反射的扩散性，画面上的亮度，尤其是油画场，其照度一般推荐为200—500LX，平均亮度在25cd/以上。若把亮度提高到低明度画面以上，则会形成眩光，还有损伤画面的危险，画面上的最近亮度和最高明度之比在0.75以上时观众不会注意到照度的不均匀性。到0.7左右时观众将会注意到，因此画面上的明亮度均匀性希望在0.75以上。即使是特别大的画面，整个画面的均匀度也应在0.3以上。

立体展品用光

明暗和影子使我们感知三维物体，而这些必须有方向的光线。漫射光线只能显示无深度或深度很弱的体形。正面光照明时，往往显得平淡无奇，因为当光源正面照射时，被照物体的轮廓不见了，一些细节常常消失殆尽，原本是三维的被照成了呆板的平面，自然让人觉得遗憾了。有侧光照射时，就会发现效果大不一样，当一束强烈的定向光以侧面照射立体物体时，会产生浓重的阴影，有效地增强被照物体的三维效果，运用得当，哪怕是平滑的表面也会呈现出立体感。雕像是通过表情和姿态来表现其性格的，阴影是表现效果的主要因

素，阴影的强烈给人以夸张之感，阴影柔弱则有暖和之感。为了使雕像有适当的立体感，一般情况下，从雕像的侧前上方40°—60°位置向聚光灯作主要照明，照明度为一般照明度的3—5倍，对于青铜及其他暗色的雕像则为5—10倍为宜。对于雕刻以外的展品如金属、玻璃等素材造成的作品，或大型展品可根据其素材、形状、构成的情况，采用对展品的周围，上部或下部，正上部投射光线等特殊的照射角度来展示效果。恰到好处地控制侧光的角度，对观赏效果影响很大。一般来说图案精细，光线的照射角度相对也应该越低。比如一条用石块组成的平面展品，光线从侧面45°左右照射时，就能勾勒出石块凹凸的轮廓，否则显得很呆滞。对于钱币或像章一类的展品，光线角度则更低一些，这样在最细微之处也会留下阴影，使其轮廓和纹理甚至质地都能清晰地表现出来。正如在清晨或黄昏的时间内能使许多的平淡的景物在低照度的光线里显得很生气勃勃，无比美丽。对于陶瓷艺术造型，立体的雕刻、工艺品等，可突出其作品的形状、纹理、色调及质感的微妙是对金工、木工、漆器等可突出其构成和技术精致特别是它们的材料固有的美，为之能很好地看出其细节照度为200—500LX为宜。根

据展品的特点，也可在橱窗的下部设置荧光灯，或附加聚光灯，对于陈列橱内的展品照明，需注意下列各点。

1. 窗内的光源发出的直射光不要投射到观众的眼帘，要注意到照明灯具的配置和遮光板的设置。

2. 防止光源的光线通过展品的光泽面正反射而投射到观众眼中，应很好的调整其光源和展品相互关系。

3. 为了防止玻璃面的反射而产生观众本身及周围的反射角以致影响观看，反射像的亮度和展品通过玻璃被看到的亮度之比必须小。此外，可把垂直的玻璃面做成向上或向下倾斜15°到30°，使反射的映像从正面离开。或使照明灯具只照到玻璃板的内部，以提高展品和观众侧面对比亮度方法，也采用曲面玻璃使反射像完全消失的方法来防止反射像的影响。

灯光的具体应用要注意到主要和次要的关系，能用强光就不用弱光、能用一个光源就不用两个，避免繁琐和累赘。根据展品的内容，用灯光突出我们所需要表现的一些特征。同样一个任务、同样一个物品，在不同的照明条件下，由于光线强弱、投射方向差异，可以产生完全不同的形象效果，灯光不只是确保观众观看展品的照度，防止多重投影，防止明暗不均，避免物体反光，烘托主光照明，还可以突出甚至过分地突出某些特定的细节，充分利用灯光描绘环境、渲染气氛、细腻而生动的表达出展品的内涵。能刺激出观众的反应，引起观众的兴奋和注意，加深观众的认识和记忆，扩大观众的联想和思维，促进观众的求知

欲望。

光是陈列空间的制造者，陈列空间是通过各种形式的照明体现它的变化和存在的，光不但能体现一个实实在在的真实空间，同时还能创造一个虚拟空间、心理空间。设计一个陈列展览就如同用"光"来创造一件艺术品。

在博物馆众多展品中，有些展品如纺织品、纸张、颜料、染料等有机材料属于光敏物质，在光的照耀下会产生光化学反应：颜料褪色、白纸发黄、甚至开裂。因此，对这些展品要考虑加以保护。

在光化学反应中，主要是波长400nm以下紫外线的作用。为此，在选择光源时，应尽量降低紫外线含量，在陈列照明设计时，选用低压卤钨灯泡，从其光谱分布来看，辐射偏红外区，紫外辐射少，其耐高温的玻璃壳也滤去了小于320nm的部分紫外线，所以它的紫外辐射本来就低。按国际标准，在博物馆照明中，对光敏物质的紫外辐射应小于75vm/1m，与普通低压卤钨灯泡的指标相接近。现在选用国际上最新的UV-Stop低压卤钨灯泡，进一步滤去了紫外线，紫外线辐射只有15vw/1m。至于荧光管，也采用低紫外辐射，高显色性的型号。如：PHILLPS93系统或OSRAM32系列Ra为94，但紫外辐射为49 um/1m，专门用于博物馆、美术馆等场合。

另外展品保护的另一个要素是暴露值，展品的照度（Lx）乘以时间（hour）。对于纸张等光敏物质，国际推荐标准为每年小于600000Lx × hours。

导致展品损坏的主要原因是辐射(紫外线和红外辐射)、光线温度、湿度、空气污染。对辐射敏感的展品，特别是漆器、纸制品、纺织品、皮革等，主要是受辐射的光化作用和热效应而造成损坏。由表给出的部分常用光源对光敏展品引起损害系数值可看出，低色温白炽灯的损害系数虽很小，但辐射热却较大，应妥善解决。

针对辐射的光化作用，可用以下方法保护展品：
①　用紫外线(波长400nm以下)过滤器除去天然光和人工光的紫外线。其方法是用隔紫外线膜涂料贴附或涂在窗玻璃或光源的外壳上，也可通过对光源的改进，减少紫外线的辐射量。
①在满足视觉条件下，降低照明的照度水平。
②缩短照明时间，减少展品的曝光量。
③冷光镜或红外线反射膜降低光源的红外辐射。
④尽可能使用红外线辐射量少的光源，如高显色性荧光灯。
⑤保质室内正常的温度和湿度。
在保证视觉条件下，降低照度水平和减少开灯时间。

第三章 光与文物保护

3.1 概论

3.2 光、科学与文物保护

3.3 文物使用过程中的防光问题

3.4 采光与文物保护

　　"光"是一切视觉艺术的灵魂,陈列艺术也不例外。"光"在陈列展示中是极为重要的一环,对于从事博物馆陈列设计人员来说较为重视的是空间、色彩、形式(展板、展柜、展架、展台以及场景等)的设计。因为专业的原因,很难对陈列用光和光对文物的影响和作用有较深的研究,这就会影响陈列效果和氛围,有时甚至是负面影响,以至于我们经常能看见极好的文物和极棒的展示形式,而难见用"光"的好作品。最近几年通过对南京博物院、山西博物院的陈列设计的实践过程,逐渐了解和掌握了初步的用"光"原理,对"光"这种感性的事物有了好感和浅显的认识,并在实践中取得了良好的效果,如南京博物院的"泗阳汉墓考古陈列"在照明设计上,我们采用了形式与内容同步、形式与照明设计同步的设计方案,根据内容、形式的需要和文保的要求制定出照明设计的原则:1.清馨与温馨的基调。2.明亮与透彻的氛围。3.重力和魅力的形式,其结果完全达到了我们预想的效果。再如山西博物院"佛风遗韵"展示的照明设计,从形式上看"光"是本展厅陈列的"魂",当没有参观者进入时整个展厅是静谧的、空灵的、甚至是神秘的、当观众进入展区时背景灯和主体照明渐渐开启,石窟的氛围浓烈之极,其照明品质恰如其分,它是通过设计师完美的设计与性能优良的产品及技术结合而成的,无论在展陈空间氛围的营造还是文物保护方面都达到了预想的目标。

　　近期有幸参观了首都博物馆的"大英展"世纪坛的"意大利艺术之旅"和故宫博物馆的"法国文物展",更觉设计"光"的奇妙与作用在陈列展示中的重要。由于目前陈列设计人员不是专业学习光学的,大多数学美术的对"光"的研究和"光"对文物的影响的研究甚少,这里把实践中和查看的零星资料提供给设计人员作参考。

3.1概论

　　许多物质及其色泽易被辐射损坏或引起褪色。作为人类珍贵财产的艺术珍品和各种历史文物,即使在正常的光线下也可能引起破坏,哪怕是极轻微的损坏,也会导致展品外观上的变化。这不仅影响观赏效果,而且会给国家带来难以估量的损失。因此,对于各种对光照敏感的展品,其照明设计决不能以为满足视觉条件就行了,而应该特别重视展品的保护,避免受光辐射的损害。为了做到这一点,应尽量选用损害程度较小的光源,照度不能太高,并缩短照明时间。

　　任何可被物体吸收的光辐射(包括红外光、可见光或紫外线),都是造成损坏的因素,其中以紫外线最为严重。至于吸收长波光而引起化学变化,只限于有热效应发生时才产生。高温度会加速这种化学作用的过程,因而也是博物馆照明设计中应该注意的问题。

单位照度的损伤系数（相对值）

光源种类	单位照度的损伤系数（%）	除400mm以下之外的单位照度损伤系数（%）	光源种类	单位照度的损伤系数（%）	除400mm以下之外的单位照度损伤系数（%）
晴空天顶的天空光	100.0	8.5	温白色荧光灯	4.5	3.0
昼天的天空光	31.7	5.1	防紫外线荧光灯	3.0	3.0
太阳的直射光	16.5	4.0	高显色性荧光灯	3.1	2.7
日光色荧光灯	6.3	4.5	白炽灯（3200K）	5.1	1.2
白色荧光灯	4.6	3.3	白炽灯（2856K）	3.1	1.4

在照明设计中，还应注意防止由于温度上升而对展品产生的损伤。展品的温度上升大致和辐射照度成比例，故使用单位照度的辐射照度低的光源能减少温度上升。但由于照明灯具经常开、关，会使展品温度反复地上升和冷却，不断膨胀和收缩，也会造成展品损伤。

为了降低灯泡的辐射照度，可使用防热滤光片，而为降低荧光灯的辐射照度，采用普通玻璃板即可。

各种光源单位照度的辐射照度

光源种类	单位照度的辐射照度（mw/m² lx）	光源种类	单位照度的辐射照度（mw/m² lx）
白炽灯泡	4.5	荧光汞灯	12
带有红外线头的反射镜的灯泡	17	金属卤化物灯	10
带有红外线吸取膜的灯泡	33	高压钠灯	8
荧光灯	10	太阳光	10

3.2 光、科学与文物保护

光能够改变颜色并使材料腐败

光能损坏它所到达的物体。由于大多数物体不透光，所以光的主要作用是使表面变质。而表面正是许多展品尤其是油画和绘画、壁画、纺织品的精华之所在。

所以说，在光的照射下。所有的有机材料都处于危险之中。"有机材料"这个术语包括动植物中所有的有机物质，例如：纸、棉花、亚麻、木

材、漆器、羊皮纸、丝绸等。此外，由于化学结构类似，几乎所有的合成染料和塑料都属于有机材料范畴，必须注意，光照不仅引起颜色的变化而且加强这种变化，如纺织物变朽以及对颜料溶剂的破坏。

由于石料、金属、玻璃和陶瓷材料情况特殊，不受光照的影响，对于木材、骨头或象牙来说，如果其表面颜色无关紧要，则不必多虑。为将表面变质减少到最低限度，我们必须控制光照。

3.2.1 光辐射

光辐射与空气温度、湿度环境一样，是文物保存与利用中最基本的、最常遇到的外界环境因素。其主要来自太阳的光辐射，其次来自人工光源。无论是太阳光还是人工光，虽然它们对于人类的生存和生活是必不可少的，但对于文物的保存和使用却都是有害的。其中尤以紫外光为甚。光对文物材料的危害除了它的热效应能使有关化学反应加快速度外，更重要的是体现在光化学反应上。

研究表明，光对所有有机物具有破坏作用，引起它们表面变质并加速这种变质反应。而对无机材料文物。如石质文物、金属、玻璃、陶瓷等没有明显的直接破坏作用。光对文物材料的破坏作用主要是引发化学变质反应，导致文物材料老化。为了将这种老化变质影响减少到最低限度，必须采取措施，控制光照。因此了解光的基本特性以及它对文物材料的老化机理是非常必要的。

3.2.2 光谱与光的能量

紫外线的来源主要是太阳辐射和各种人造光源，其中以太阳光辐射的紫外线强度最高。当太阳光通过大气时，320 nm以下的射线将全部被外层大气中的臭氧层所吸收，通常只有320～400 nm的近紫外部分能够到达地球表面，约占全部光线的9%，一般紫外线辐射强度与所在地区的海拔高度、纬度、以及季节和气候条件有关，海拔高度越高，紫外线与大气层的作用就越少，相应地紫外线强度就高。空气越干燥，紫外线的强度越大。一年中夏季的紫外辐射最强，一天中中午的紫外线最强。

紫外线的另一重要来源是我们日常生活中使用的各种人工光源，在我国，使用最普遍的是荧光灯和钨丝白炽灯，紫外辐射强度是：太阳光>荧光灯>白炽灯。地面接收的紫外辐射强度约占太阳总辐射能量的9%，虽然在数量上很小，但由于它具有两个显著特点：一是波长短，能量比可见光大得多；二是穿透能力比可见光小得多，易被物体吸收而转变为内能。因此紫外线对材料的破坏性远大于可见光。文物材料的老化与紫外辐射下发生的一系列光化学反应有直接的关系。

3.2.3 光和热能

能的极限性质仍然模糊不清，但是科学所能做到的是为了物理系统和该系统所发生的能量的改变做出定义并用数量来表达。热、光和运动都是能量的形式。能有一定的量。因此能量是守恒的。

在博物馆中，热和光照可能为展品提供了激活能。对我们来说，诸如变质这样的化学变化，似乎是逐渐形成的。不过，这是由于涉及了成百万的分子。每个分子变化都是跳跃性的，而不是逐步的。改变所需要的能量必然突然传递给分子。能量总是在变动。

光能量子又称光子。大多数光子都比室温下的热量子更强有力，让我们借助"人群"这个比喻吧。假设防暴小分队向人群发射各种子弹的话，那么，其中一些子弹将具有杀伤力，这些子弹与光子类似。有一些子弹，相当于红光的光子，几乎不会引起任何物理损坏，而那些相当于蓝光和紫光光子的子弹是最厉害的。然而，在所有波长的光子中最具破坏性的，是波长比紫光更短的不可见光——紫外辐射光子。

变质需要能量，无论是光还是热。博物馆中，光比热破坏作用更大。

光谱：

光是我们能够看到的辐射形式。由于我们也论及人眼不可见的"颜色"——紫外光和红外光——那么从现在开始我们将使用辐射而不用光这个术语。

白光源的辐射，例如日光、钨丝和荧光灯的辐射，可用棱镜分解出彩虹的全部色彩，其中，紫光波长最短，红光波长最大，在可见光最短波长的外端是紫外光(UV)，红光的长波波长的外端是红外光(IR)，所有这些在不同程度上都是由白光源发射的。

在可见光谱的长波一端，我们看见的最长波长的红外光大约是760nm，长于此波长的辐射为红外光，所有辐射，如果被某种材料全部吸收，就会造成升温，因此，把光称为辐射物的一种形式是相当正确的。不过，在实际使用中，"热辐射"一词，常限于红外光辐射，因为仅仅把热看作它的效应。

在博物馆诸多光源中，红外光辐射并没有固定的波长限度。因为，随波长增加，红外光辐射逐渐减弱。

在光源中，同红外光不同，紫外光限定在一个波段之中，范围在300至400nm之间，从展品的角度来看，紫外光与紫色光之间根本就没有分界线。之所以规定了400nm的分界，完全是因为我们的眼睛无法看到波长较之更短的光。300nm界线是由日光光谱决定。因为300nm以下的波长的光无法穿透大气层，而辐射必须通过博物馆的窗户玻璃或钨丝灯、荧光灯外壳的玻璃，因此，就又滤掉了一些紫外光。结果，有效限度接近325nm至400nm范围的光可以通过。

博物馆光源(日光、荧光灯和钨丝灯等等)，辐射的光谱可按波长分为三个部分，紫外光辐射(300-400nm)、可见光辐射(400-760nm)和红外光辐射(大于760nm)。

适宜博物馆通用照明的光源有三种：钨丝灯、荧光灯和金属卤化物灯，有一个时期，人工照明仅仅靠燃烧来产生。如蜡烛的燃烧产生光亮。普通的家用电灯泡为钨丝灯，即白炽灯类，是因为当电流通过圈状钨丝，钨丝可以加热到2700℃。钨丝灯的样式和功率多种多样，有的外壳是透明玻璃，有的是乳色玻璃，有的内镶反射镜，被制造者称为"冷光"的一种有用的变异，有一个称为二向性的反光镜，具有将可见光向前

反射。而让 IR 辐射穿过，到达灯的背部的特性。

最近，金属卤化物灯发展很快。这种灯基本上是高压水银球状灯的改进型，以提高其色度，在某些方面，改进程度很大。是一种用电很省的工具，变得适用于博物馆了。钨丝灯是由电加热的钨丝线圈发光的，碘钨灯是为更高的效率而设计的一种类型：灯前必须设置不着色的玻璃滤色镜。荧光灯既通过水银蒸汽发光，又通过荧光灯发光。其中有一些显色性的优点，金属卤化物灯是由于增加了一些添加剂而得到改进的水银灯。这些添加剂使用得到良好的显色性。

3.2.4 光的反射

光射到物体表面上时，部分光被反射（这里所说的物体是指自身不发光的），靠光源照明才能看得见或显现颜色的不透明物质。如果它能发光，则称它为光源。物体的颜色与照明光源的性质有关，因此也可以把不同物体在同一照明条件下显现不同颜色看作是该物体的照明光线的调制作用，这种调制作用是指物体对照明光的不同光谱成为有不同的反射，因而从物体表面反射出来的光已不同于照明光线的光谱成分。对于一个不透明的表面来说是，若这个表面对绿色光反射得多，则在白光照明下，它就是绿色的，如果有另一个表面，对红色光反射得多一些，则在白光照明下，它就是红色的。基于这一原理，可以说物体的颜色取决于光源的光谱成分以及物体对光谱的反射作用。

对于我们所要保护的文物来说，其绝大多数是不透明的物体，因此文物的外表颜色应由

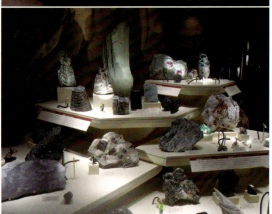

反射光谱成分所决定。若对可见光全部反射，则呈白色，若全部吸收，则呈黑色。一般对可见光的反应是部分反射，部分吸收，这时文物外表颜色应与被反射的可见光颜色一致。我们通常所说一件物品呈绿色，实质上是当可见光照射到该物体上时，紫光被吸收，而绿色被反射。我们称紫光与绿光为光谱互补色。

不同光源的紫外线密度

光源	紫外线密度/uw-cm
晴天时阳光下	1600
多云时阳光下	800
阳光直射下	400
荧光灯	40~250
一般钨丝灯	60~80

文物照射最大允许紫外线比例为75uW/1m，超过此值的任何光源都要过滤。紫外辐射照度计与可见光照度计配合使用可以评价文物保护环境中的光辐射是否符合标准，是否需要采取防护设施。

光辐射对有机材料老化作用的一般特点与

机理。对于有机材料组成的文物而言，其受光辐射而老化变质的过程具有光化学反应的一般特点，现就以纸质文物和颜料、染料的变色、褪色为例说明光辐射对文物材料的机理危害。

纸的化学成分以木质纤维为主，其他有机材料文物，如皮革、漆木器、羊皮书等都由动、植纤维所组成。研究光辐射对纤维的影响，对有机材料文物的保护具有重要的现实意义。

关于纸张的光老化实验已有不少学者进行了广泛的研究。有人试验了四种不同的书画材料，并用不同色泽（白、蓝、绿、黄、紫）的玻璃板遮盖，在日光下曝晒，结果指出：①一切纸张，不论什么材料制的，在日光下曝晒都失去了胶质；②在短期内（10b），光辐射的作用就很明显地表现了它的影响；③损害胶质的光线主要是紫色、蓝色、黄色，绿色和红色没有影响，只受绿色与红色光线作用的纸张，胶质可以保存得很久，并且很少发黄。也有人研究了纤维在光辐射下的氧化作用，其结果是纤维素的重量减少，同时有碳酸溢出。与此相应的是纤维素强度显著降

低，而还原能力增大。发现紫外线和部分可见光均能对纤维素起破坏作用，并且光的波长越短，光的强度越大，破坏作用越大。

棉织物在常温下受光辐射、空气、水的作用，发现3个月后棉织物的强度降低了40%，铜氨溶液黏度降低到原来的1/60～1/30，同时碘值显著升高。

3.3 文物使用过程中的防光问题

由以上讨论可知，光辐射在文物保存与使用中的危害是不言而喻的，文物保护工作者的主要任务之一就是将这种光危害降低到最低程度。从光辐射对文物危害的角度出发，文物应避光保存，但文物又不可避免地要进行各种展出活动，即文物要进行利用，如果不利用就失去文物存在的意义。因此，文物在保存、利用过程中要实施一系列的防光措施。例如规定照度标准，但仅仅规定照度标准是不够的，因为相同照度下不同光源对同一物质材料的破坏作用是不同的。光辐射对物质材料相对损伤度的差别，主要与光源辐射的紫外线、红外线含量有关。其中危

害较大的是紫外线，因此防光的基本出发点是对全部紫外线进行滤除。但由于部分可见光也能对文物产生危害作用，如果像对待紫外线辐射一样，滤除可见光中的有害成分，势必导致文物外表的颜色失真，所以对可见光辐射只能采取控制其照度的方法。因此了解日光及各种人工光源产生的紫外线辐射剂量对于文物保护中的防光辐射危害就显得十分必要了。

相同照度时不同光源对展示物产生的相对损伤度

光源	色温/K	相对损伤度
晴天通过玻璃来自天空的光	11000	100
阴天通过玻璃的天空光	6400	44
荧光灯（中性白色）	4300	34
荧光灯（暖白色）	2900	28
荧光灯（日光色）	6500	25
通过玻璃的太阳光（太阳高度角30°）	5300	27
白炽灯	2850	9

3.3.1、紫外线辐射的来源

1.日光

日光辐射是紫外线的重要来源之一，它是太阳内部温度相当高，物质原子受强烈激发，而发出的波长范围非常宽的辐射能。太阳光能量分布并不是恒定的，它与辐射角度、大气状况、散射、漫射程度有关，其中包含有大量紫外线成分。当它通过大气层时被臭氧层将全部300nm以下的紫外线辐射吸收掉了，剩余部分的紫外光辐射在通过玻璃时（房间窗户玻璃和陈列柜玻璃），又被吸收掉了320nm以下的部分，而350nm以下的紫外线仅能通过8%，如图所示。所以对于日光辐射，我们仅考察波长在350～400nm之间的紫外线成分就可以了。

典型窗玻璃的透射率

2.人工光源

紫外线的另一重要来源是人工照明光源。荧光灯具有发光功效高、显色性好、寿命长等突出优点，对于人们的日常生活来说，是一种理想的照明光源，因此使用也很普通。但它的紫外线含量较多，其紫外线密度为40～250#，是钨丝白炽灯（60～80W）的数倍。因它的灯丝上涂有氧化钍，灯管上涂有荧光粉（卤磷酸盐等），其发光原理是通过加热灯丝，氧化钍发射的电子与管内汞蒸汽碰撞，把能量转移给汞原子，使汞原子最外层电子被激发到更高能态，被激发的处于高能状态电子寿命很短，在它们返回基态时，以光和热的形成消散能量，从而发出紫外线。由于电子是处在不同能轨道上，因而其光谱带是不连续的。汞蒸汽产生的光辐射刺激荧光灯在汞原子的各特异光谱带间又产生连续光谱。放电时，波长257.3nm的紫外线占整个紫外辐射的90%。当紫外线激发荧光粉时，不可能每一个光子都能被荧光粉所吸收而产生一个可见光子。这样，当荧光粉层太薄，或荧光粉粒径较大时，会因其与紫外线不能完全相互作用，而使紫外线漏出管外。不同荧光灯发出的紫外线不同。

钨丝白炽灯也是经常使用的人工光源之一。它与日光产生辐射能的原理相似，当流通过圈状钨丝时，钨丝被加热到2700℃左右而炽热发光，钨丝灯的式样和功率各式各样，有的外壳用玻璃或乳白色玻璃制成。通过普通钨丝灯的绝大多数电能被转换为热能（100W的白炽灯，其热能占94%），而不是光辐射，荧光灯与白炽灯电能转变为光辐射的比较列于表。

荧光灯、白炽灯等电能转化为光辐射的比较

光源	可见光	紫外光	IR	余热
100W 白炽灯	5.75%	约 0.1%	75%	20%
标准 80W 荧光灯	23%	约 1%	30%	46%

因此钨丝白炽灯的紫外线辐射相对来说小一些，一般白炽灯中的紫外线不及输入能的0.1%，并随着炽光的增加而增加，如40W含0.03%，100W含0.1%。

三种光源中，日光中紫外线最强，荧光灯次之，钨丝白炽灯最好。它们的各波长能量分布见表。

三种光源中的紫外线能量分布［ＵＷ／（１０ｎｍ・ｌｍ）］

光 源				光 源			
波长/nm	白炽灯	荧光灯	日光（通过玻璃）	波长/nm	白炽灯	荧光灯	日光（阴天）
300	0	0	0	300	8	42	40
310	0	2		370	10	7	46
320	3	3	1	380	13	7	43
330	4	4	6	390	16	5	52
340	5	7	16	400	20	8	85
350	6	8	30				

3.3.2紫外线和可见光辐射引起的损坏

将博物馆中所能找到的那些染过颜色的织物列出来是不成问题的。无论是纺织品还是毛毯，在光作用下发生变化，由于曾使用过分繁杂的照明，所以常常难以鉴别。而且常常使用大量迥然不同的方式处理，这样一来，就没有任何一件能完全幸免了。最简单不过的解决方法就是干脆认为所有的天然纺织品都受到过光的作用。当然，用金属丝织成的织物是个例外，检查一下那些遮光处，如地毯的背面，很快就会发现，即使颜色没有褪色，但确实也发生了一定的变化。

所有的纺织品都受到光的破坏，许多将水墨画在纸上的艺术品中使用的颜料也是如此。自然历史文物也很敏感，以一些重要的方式变化着，光的损坏程度难以估计。

颜料和染料在光辐射作用下都会发生褪色现象，而染料的褪色较颜料更为严重。颜料的褪色并不是颜料矿物分子结构发生了变化，仅仅是光辐射对颜色固色剂（动、植物胶类）发生了作用，所以颜料的褪色是光辐射对有机胶材料的破坏，引起颜料的褪色。染料由于其化学结构的特点，属于有机化合物的范围，光辐射对染料的褪色作用符合光对有机材料引起光化反应的一般特征，染料的光褪色是一个十分复杂的问题，是各种因素共同作用的结果，归纳起来主要决定于染料的化学结构、物理状态和染着基质的性质。

对于同一种染料在同一纤维上的染色，其耐光度与染料的物理状态有关，一般是随着染料的浓度增大而增大。由于光只对染料粒子表面的分子起作用而使之褪色，染料层中间的染料分子

与光不接触，对它们不起作用，所以染料的浓度对其耐光度有一定的影响。

纤维基质对染料光褪色的影响表现为在非蛋白质纤维上，染料吸收光辐射能量呈激发态后，将能量转移给染料周围的水和氧，能量较高的水和氧再与染料作用最后使染料光氧化褪色。在蛋白质纤维上的褪色被认为是还原作用。还原的机理是蛋白质上的某些氨基酸作为还原剂，在蛋白质纤维上染料的光褪色中基质参与了化学反应；而在非蛋白质基质染料的光褪色的整个过程中，基质不参与反应。因此，在非蛋白质纤维上染料分子基团的吸电子性越强，染料耐光度越高，而在蛋白质纤维上则相反，染料越易被还原而褪色。

染料的光褪色，一般肌理是在光辐射作用下，染料分子因光化学反应导致其结构变化的结果。至于光裂解与光氧化何种光化学反应起主导作用，则视条件不同而异。但光氧化过程是染料褪色的主导反应，与纤维素材料的光老化相似，所有染料分子吸收辐射能后都被激发到单重态，然后再转移为三重态，染料的光褪色主要也是三重态的化学反应。处于三重态的染料分子可以与基态氧发生光氧化反应，生成活泼的中间产物，也可以敏化基态氧，使激发态的氧与基态染料分子间发生光氧化反应，结果因染料的某些结构的破坏而导致褪色。

由于氧化反应和直接光裂解反应的结果，染料分子与周围其他物质（例如氧）发生一系列化学反应，或因某些化学键的断裂而引起染料分子的结构发生变化，必将引起染料颜色的变化。因染料分子结构的变化引起染料分子的消光系数减少，从而使染料颜色变浅。即光褪色是由于染料结构的变化所决定的，结构的变化，必将引起它对光波吸收的改变，进而引起颜色的变化。

一种很容易褪色的文物（如绘画、文献、漆

器等)将被可见光或紫外光辐射破坏。因为可见光数量大得多，所以大多数损坏是由可见光造成的。一种不易褪色，不过从长远来看还是要受光影响的文物(如瓷器、陶器、青铜器等)，虽然可以安全地不受可见光谱中大多数波长辐射的影响，却早晚会主要地或全部地由紫外光辐射加以改变。因为，对于更敏感的染料和颜料来说，尽管紫外光防护很重要，但这种措施不会帮我们很大的忙，减少可见光的辐射要重要得多。相反，尽管可见光显然被控制在一个合理的水平，但是，对于更稳定的展品来说，例如绘画，特别是由于画中可能发现偶然的易褪色材料，因此消除紫外光辐射看来会使其极大地受益。在博物馆中，紫外光与可见光辐射必须同样加以考虑。

3.3.3 紫外线的防护

由于人们平常较难感受紫外线的存在，便认为只有阳光中才会有紫外线，而忽略我们周围所用的 "日光灯"，其所含的紫外线，也足以对文物构成威胁。目前我们通常的做法是使用磨砂玻璃来掩挡聚光和紫外线。而磨砂玻璃灯罩对紫外线吸收甚小，约有60%紫外线仍可透过，普通的压克力板对紫外线吸收较强，但仍有25%的紫外线可透过。特制压克力板效果较佳，尚能透过15%

的紫外线。

关于白热灯泡所产生的白热光，经证实所含紫外线极微，对纸张纤维类文物寿命影响有限。若在展览设计中周密考虑，在灯光设计上，可做有效控制，并以白热灯取代日光灯。同时，灯光装设位置，也需予以控制，以防光源直射文物而受损坏。

关于"遮阳"，就是使建筑窗口处于阴影中的措施。其方法很多，依其类型、材料的不同而迥异。如屋顶的深出檐，上层的挑阳台，或外廊、窗户花台，以及各种材料、形式的窗帘、布篷等，都可防止直射阳光，避免产生眩光，改善室内热环境，以及加强建筑外观艺术效果等作用。因此，设计窗口遮阳时，应兼顾遮阳、采光、通风、冬季日照以及挡雨等多方面的要求，不可盲目追求建筑立体造型美观而滥用。固定永久形式的遮阳板基本形式，有水平或垂直式、综合式与挡板四种，所以如何防止阳光直射及人为光源中的紫外线伤害，必须要有周详的规划与设计。有效控制自然及人为光源，仅可能减少文物受紫外线伤害的程度。

对于紫外线的防护，在库房建筑方面，应采用无窗户库房，防止日光辐射对文物的损害，使用有窗户的库房时应采取措施阻止光线直射文物；普通玻璃可以过滤波长320nm以下的紫外线，但320～400nm之间的紫外线还是可以通过，这时必须使用紫外线吸收剂来过滤紫外线。对于辐射特别敏感的文物则应避光保存，如果需要陈列展出，则必须限制照度、照明时间等。

一、对于室外文物的保护

对于室外文物的保护，可根据日光在照射时间内的不同变化采取相应措施，由于各地的日光辐射状况不同，即便是同一地区，也存在着明显的差异，因此应根据具体情况实施防光措施。如对古建筑进行修缮时使用的油漆中加入紫外线吸收剂，可以显著提高油漆的耐老化能力。曾对2,4二羟基二苯甲酮、2,2二羟基二苯甲酮紫外线吸收剂的防褪色效果作了实验，其结果为：

1.于透明红清漆中（清漆中溶入烛红粉）加入1%的2,4二羟基二苯甲酮，将清漆涂在锌皮上，同时设对照组。经4d自然曝晒后，对照组褪色显著。

2.各色国画颜料纸上，覆盖紫外线吸收剂涂层玻璃在紫外线下，照射半年后（每天2～3h），未见颜料变色。

3.将含0.5%的2,2二羟基二苯甲酮的1mm有机玻璃，覆盖在有蓝墨水字迹的纸上，再将其夹在两块玻璃中，四周用胶带封护。对照组则无紫外线吸收剂有机玻璃。在室内经半年自然曝晒，对照组明显褪色，而含紫外线吸收剂有机玻璃的样品未见明显褪色。

我们知道，与钨丝辐射相比，通过玻璃而入的日光辐射能量的比率要高得多，从性能上说，日光大约是钨丝灯的六倍，一只展柜放在由于采用日光照明而显得光线很暗的展室内，但是展柜

南京博物院"泗水汉墓考古展"

中的展品却被钨丝灯照射得很明亮。尽管与展品所受的辐射总量相比，日光的紫外光要高得多。但是如果采用钨丝灯在展柜中照明这种方法，展品所吸收的大部分紫外光却可能来自钨丝灯。

如果展品在白天由日光作为主要照明，而天黑以后或阴天采用由钨丝灯照明，使之达到同等亮度，那么，展品在日光照射一小时所吸收的紫外光是在钨丝灯下照射一小时所吸收的紫外光的六倍，钨丝灯放射的紫外光非常少，一般不需要滤光片。

所以，为了防止紫外光辐射，我们首先要处理日光。使之通过一种可以透过可见日光，却不能透过紫外光的物质来消除紫外光辐射。

目前除了采用滤光片以外(薄箔片、丙稀酸板)，还有一种形式效果很好的，塑料夹层的夹心玻璃，夹层装有紫外光吸收层。前面已经提到，某些荧光灯话筒的紫外光辐射，虽然比日光弱些，但其数量也是令人担忧的。目前的情况是，除菲利浦型灯以外，所有的荧光灯都需要滤光片。菲利浦型灯实际上发射的紫外光比率低于钨丝灯，所以不需要安装滤光片。事实上，博物馆也偶然使用紫外光，以便产生荧光效果。例如，在地质博物馆中，为了表现矿物的荧光，或者为了使某些现代艺术品上的颜色发光，在这些特殊的情况下，必须权衡其优点和危险性。

总之，日光中的紫外光比率最高。所以采用日光照明必须安装滤光片。钨丝灯不需要装滤光片。荧光灯(除菲利浦37型外)，话筒的紫外光虽低于日光，但需要安装滤光片，玻璃制成的滤光片没有一种是良好的。所有的滤光片，不管是薄片还是涂漆都是塑料的。

二、紫外光和可见光辐射能的测量

1.降低光照度

由于观赏博物馆的展品主要靠人的肉眼，光照中的任何损失都必须慎重地考虑。

实际上，如勒克斯光的照明标准并不是在过去一直认为的人工照明的正常刻度的下限。事实上，在荧光灯出现以前，50勒克斯光被认为是很好的人工照明标准。直到最近，由于能源低廉和工业发达，使人们对明亮灯光需求增加。所以，控制起来很难。人们希望博物馆像商店一样灿烂。然而，人们发现，假如熟练地排除耀光的话。那么，50勒克斯光甚至可以为反差很低的小件展品提供令人满意的照明。光对博物馆中易褪色物质的危害是非常明显的。以至于50勒克斯照度标准相当普遍地接受作为文物保护的必要措施。

有关公众对博物馆光照度反映的调查尝试，美国落杉矶－奥克兰地区的十二个不同的博物馆和美术馆的陈列各方面的反映的一次调查，有关照明问题，研究报告推定："如果光线是在

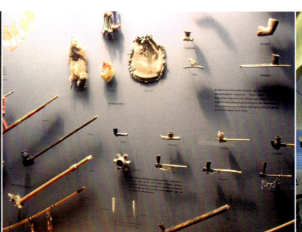

展览空间，那么，光量多少似乎无关紧要，更重要的是艺术品与空间的光照强度标准之间的平衡问题。观众认为，10—20尺烛光（100—200勒克斯）对于观察艺术品的细部是合适的。"50勒克斯人工光比日光更好。把日光控制在预定的强度是件难事，而且价格极高。当日光降低到50勒克斯时产生的"冷光"通常给人以阴暗的压抑感，特别是当其高度散射时更是如此。无人能说得清它是多么深嵌在我们的模式之中。人类已经习惯于黑天以后家中"暖融融的"光亮了。结果

呢，从钨丝灯发出的50勒克斯光看上去比50勒克斯散射日光更亮一些。当然也更使人愉悦了。基于同样原因，要达到50勒克斯光照度的条件，应选择暖光源，而不应选择发出冷光的荧光灯。

为了成功地创造一个表面看来明亮的环境。眩光和光线对于人眼的适度数值已经作为要控制的最重要的因素已经讲过了。按实用的博物馆术语来说，眩光具有狭窄得多的含义。这是由于展品没有任何部分可能成为眩目光源。眩光

对于我们来说意味着放在视线一侧的明亮聚光灯。展品旁边的明亮窗户、玻璃或光截面所映射的晃眼的光等等。要避免眩光只能通过设计和调整光线位置。在不需要光线的方向上放上遮光罩。在易出毛病的位置上使用暗面。

我们说到眼睛的适应性主要有两层意思。对光线的适应以及对光线色彩的适应。在明亮的光线下，眼睛的瞳孔变小。这样，只有少部分光线能达到视网膜。但是人眼对光的适应度的自我调解范围超过 10000∶1。这个比例范围，远远超过了一个可以变换各种尺度的小孔所能做到的。适应照度的变化在这样一个过程中是一个重要部分。视网膜接受信号以后输送到大脑半球，再由大脑把信息破译，闭路电视摄像机用的正是这个方式。它具有两条途径调解屏幕上图像的照度。一条是摄像机透镜的光束，另一条是控制电路。

在一般室内或室外情况下，眼睛适应新的光

照环境仅需要几秒钟时间。但是，从强烈的阳光下进入一座建筑物或反之需要一分钟左右的时间才能适应。所有这些过程都发生在观众看第一个展品之前。这说明展室的光照的适应发生在博物馆大厅而不是在展室中。此外，由于这种适光性受到因看到更亮的区域而很容易扰乱，所以，不管强光是从窗户还是从门中射入，都是不允许的。

当在展室中选择覆盖墙面时，应记住这一事实，如果我们想制造一个观察细部的最佳条件，那么，光线既不应该亮于展品，也不应该暗于展品，一幅深色的漆器，挂在雪白的墙壁上就看不出最佳效果了。

在一座欧洲的博物馆里，一个新的展览布置

完毕了，在该展览中，为了取得戏剧化的效果，墙壁、天花板和地板都呈极深的色调，经过认真的人将聚光灯对准展品，结果展品在暗色衬托下显得分外明亮。各处展品的照度高达 1000 勒克斯。馆长回顾道，在最初的展览中，照明是怎样降低了强度，但观众都抱怨说那地方看起来太暗淡了。后来，情况就变得清楚了。就是说，不管灯光多么明亮，如果墙壁、天花板和各个角度过于暗淡的话就会给人一个总的印象，好像我们是在一个黑得令人不舒服的山洞里。照亮展品而置参观者于暗处，这样做通常不是最佳解决方法。

3.3.4 可见光的控制

可见光的短波长部分同样可以造成文物表层材料的老化变质，虽然这种老化速度不及紫外线，但它对文物材料的损坏也是不容忽视的。因此仅仅消除紫外线的影响是不够的。我们不能像消除紫外线那样去排除可见光，在文物保存与利用过程中，尤其是利用时损害。所以文物保护的防光，并不是将文物永远置于黑暗之中，其含义一方面是指应尽量做到避光保存；另一方面是指在整理、研究、陈列时确定一个合理的照度标准，尽量降低光照度，把可见光辐射对文物的损害降到最低程度。

关于确定文物的照度标准，由于文物材料的复杂及保存、使用的不同环境，其照度标准也不同，因此很难有一个统一的标准。我国档案部门根据纸张及字迹染料的特性，以及不同使用环境，制定了档案文献材料的保存、使用照度标准。国外一些博物馆根据文物材料对光的敏感程度，推荐了各类文物的最大允许照度，以便实际工作中参照。

档案馆照度推荐值

房间名称	推荐照度/Lx	房间名称	推荐照度/Lx
阅览室	150	出纳台	100
档案库	50	修裱、编目室	150
	（档案柜、架垂直面）	计算机房	200

各类展品最大照度推荐值

对光敏感程度	最大照度/Lx	展品
非常敏感	不宜超过25~50	纺织品、纸、染色皮革、动物羽毛、草、植物颜料、动植物标本、版面素描等
比较敏感	小于150	象牙、骨制品、油画、未染色皮革、漆器、木器等
不敏感	不超过300	金属、石器、陶瓷

当文物进行陈列展览时，为了能给观众创造一个表面看来明亮舒适的环境，实践证明，将光照度控制在表中所列数据范围是可行的。由于观赏博物馆的展品主要靠人眼的色觉感知系统，在荧光灯出现以前，150Lx光的照明度标准一直被认为是很好的人工照明标准。由于能源工业的发展，使人们对明亮灯光的需求增加，所以人们希望博物馆像商场一样灯光灿烂，但如果在陈列设计时能够排除炫目光，150Lx光照度可以为即使是反差很小的小件展品提供令人满意的照明。

影响观众观看展品的光线环境主要有两个因素：一是炫目光。当在整个与观看展品有关系的环境中，视野内某些地方的光线过于明亮，使人产生视觉的不舒适感或损伤的光线称为炫目光，在陈列展出时，炫目光主要来自放置在视线一侧的明亮聚光灯，或展品旁边明亮的窗子、玻璃、光洁面所反射的耀眼光等等，要避免炫目光只能通过设计和调整光线位置。另一因素是人眼的适应能力，包括对光线强度的适应及对光线色彩的适应。在一般的室内或室外情况下，人眼适应新的光照环境仅需几秒钟，当从强烈的日光下进入一座建筑物内或相反的情况下，需要一分钟的适应时间。这些适应过程一般都可以在博物馆大厅内完成。因此，只要多想办法，是既可以为观众提供一个舒适的光线环境，又可以将光线的损害作用降到最低。

作为文物长期存放的主要场所——文物库的

主要功用是管理存放文物，并提供使用。文物库照度标准的确定，主要应从能否识别文物标识说明牌字迹和是否有利于文物保存两个方面考虑。文物标识牌以最小的五号铅字为例，每个字的尺寸约为3.7～3.9mm，301x照度即可满足识别五号铅字字迹的要求，所以文物库房的照度标准应以501x为标准。不能比这一数值更高。

短时间的强光辐射与长时间的弱光辐射造成的损害是等量的。所以光辐射造成的危害是逐渐积累而形成的。例如一辆停放在日光直射下的轿车顶部的涂料经过3年曝晒，其受光量与一幅收藏了500年的字画颜料的受光量是相同的，当光线照射到展品的照度是1501x时，按每天8h计算，全年的受光量大约是50万1x，如果用501x照射3年，其受光量大约也是这一数值。这就提示我们，在对可见光进行控制时，不仅仅是限制它的照度，有时为了陈列设计艺术的需要，可以适当提高照度值，而减少展品的曝光时间，也是减少危害的重要途径之一。一般采用如下一些方法：①对文物作有限展出；②仅在开馆时间或仅在有观众时照明；③尽量使用复制品。

3.3.5 空间与灯光产生的热能控制

防止展品表面正反射的措施。调整光源和展品的相互关系。

防止由于玻璃表面的反射而产生的眩光。必须调整其位置，使眼睛的位置不在光源或窗

户之类的高亮度物体或玻璃的正反射方向。

防止镜像反射,必须使反射的映像从正面离开,或者使照明器只照到玻璃的内部,以提高展品和观众侧面的亮度对比,防止反射映像的影响。

陈列室内的照明设计以及它与室内其他要素的关联设计就显得十分重要,而照明,作为室内环境的第四维,不仅要融合于其他要素中,更重要的是,要紧紧围绕所陈列展品这个主题。要充分揭示出展品原有的特性,还要有助于观众在一个舒适的环境参观、欣赏和研究。为此,照明设计从室内环境出发,紧紧围绕陈列的展品,在照明的模式与环境、造型与效果、主题与背景、光损与防止及维护与费用等多方面进行了细致的考虑,并与室内设计师紧密配合、通力合作,才能创造出一个尽善尽美的展览环境,吸引带着好奇和渴求的参观者,络绎不绝地走进艺术殿堂。

观众能看到展品,主要是展品和它的背影之间存在着亮度对比,恰当的亮度对比,不仅使展品可见,还能吸引观众的注意力而又不至于引起视觉疲劳。不同的展品,处于不同的环境,亮度对比也不一样(如雕刻陈列,背景为红、黑构成的基本色调,光的反射率很低(0.2),而展品为灰白的石刻,反射率高(0.7),为体现出雕刻的主体感,采用了窄光束投光灯,它的余光少,亮度对比达10∶1,因此能很好地反映出雕刻的特点,而在书法和绘画陈列馆照明中,考虑到展品保护,照度不应很高,采用均匀照明、背景用浅色颜色亮度对比为1∶1,通过书法和绘画本身颜色的区别来突出其本身,其次在壁柜照明中,由于壁柜前侧是一块大玻璃,如果光线从柜子外面射向柜子里面的展品,往往产生反射眩光。因此,把照明与壁柜组合起来,灯具布置在柜子的里面,中心光线从上方以大于60°的入射角度往下照射,消除了眩光。在书法、绘画陈列柜里的照明,由于玻璃的作用,形成全反射现象,光线全部落在柜子里面,以玻璃为边界线,在地板上

很明显地形成壁柜里外两个部分，避免了观众参观时因过分靠近而撞上玻璃。

3.4 采光与文物保护

3.4.1 光线的散射

展品由定点光源照明，会投下明显的黑影。而由完全散射的光照明，来自所有方向的光都一样，则完全没有投影。

我们对展品外观的理解，很大程度上要依靠展品的影像。从大处说，影像能勾画出雕塑品的外形。从小处说，例如纺织品，影像能向我们展示出纺织品的外观特征。在一般情况下，我们眼睛所见到的光，部分是有方向性，部分是散射的，唯有极少部分的光来自下方。这样在博物馆中，当光线遵循如下模式，光线来自上方，部分是有方向性的，部分是散射的，那么观看起来就是最舒服最清楚的了。

有一种取决于光线散射程度的更加特殊的效果。一件由小光源照明的具有闪闪发光表面的展品(如瓷器、金、银器等)会向某些特定方向反射光。这样一来，我们能够看到折射光和闪烁光了。暗淡光的展品则将照射在其上的光向各个方向反射。

150勒克斯日光和人工光

一旦我们认为有必要限定允许落在展品上

的光线数量，那么，控制日光使之与人工光相比的困难就变得明显了。

在露天中，在北纬50°处，七月份中午可望得到的日光照度，是十二月份中午的十倍。当阳光灿烂时，太阳发出的光照与一般情况下的整个天窗的照度相同。当天气十分晴朗时，太阳发出的照度还要高一些。在室内，这些差别可能被夸大了。生成的照度的各种差异将进一步因展室内灯光布局的不平均而受到影响。

1. 最简单的一套办法是，阻挡大部分光线，以至于只有在一年中最明亮的时期光照度才升至150勒克斯。而在其他的时间里，由人工光来补充日光的不足。如果仅靠日光来做展室的照明，很显然是不能令人满意的。因为除了夏季几个月以外照明主要靠人工光。

2. 采用半透明天棚，日光通过它而高度散射。博物馆便在允许的数值内为展品照明。这种日光可以透过由光电管自动控制的百叶窗或遮光板来控制光进入室内的总量。当光线不足时，人工光马上接上。这个过程也是通过光电管在调光器的控制下完成的。

3. 许多现存的日光控制系统，无论是遮光板还是百叶窗都可以采用并使之电动化，以便于控制它们。

4. 我们不是旨在保持150勒克斯的固定照度，而是要计算出同比相应

的全年的照度总数，或是曝光总数。按每天八小时计算。这个总数要达每年约 50 万勒克斯小时。在博物馆所在地区的全年日照表可以从气象部门获得。遮光板的位置也可以计算出来，使之在一般情况下供给 150 勒克斯光。

很自然，所有这些设计要求室内各处投射下来的光是相当均匀的。日光不能用舞台上的聚光灯来固定方向。最简单和几乎不可避免的答案是散射光。但是，我们已经看到，高度散射的光是令人不愉快的。如果将展品布满整个展室，或者，更困难的是，要求有合适的陈列布局，那么，日光没有别的办法处理，只能是散射。不过，如果展品只限于悬挂在四周墙壁上，而照在展品上的光线比照在观众身上的光线要强，那么这种光线方向就有了很大改进。人们可以让光线在天花板各个边缘通过而不在或少在中间通过。这可使光

线主要集中在四壁。

色彩的复原经常受到人工光的作用，不过没有必要。除了在罕见的情况下，荧光灯不会产生色彩的失真。那种认为只有在日光下才能看到一个具有真实色彩的艺术品的想法，是没有事实根据的。

有些人不喜欢被封闭在一座无法通过窗户和天窗同外界联系的建筑物里，窗子要有，尽管人们宁愿认为它们是通往外部世界的通道而不是光源。

目前许多业内人士建议在博物馆中保留日光，同时一再指示，意外的光线怎样使他们发现新的问题。当太阳从云层中出现而且刹那间光芒四射的时候，在户外的每个人都会感到十分兴

奋，在博物馆中意外的光线同样有着一定的效果，不幸的是对光敏感的物质无法经受直射的阳光。这样，这种展品就失去了在人工光和在严格控制的日光双重光线下展示出其美妙之处的机会。

3.4.2 窗户的处理

对文物保护来说，要想将侧窗处理得令人满意是困难的，也几乎是不可能的。与窗户同一墙面的展品由于眩目而无法看得真切。而靠窗展柜里的展品所得到的光照要比远处角度里的展品多上100倍。在任何改建成博物馆的古老建筑里，如果你想看看展品严重褪色的情况，那么，用不着走多远，只要在距离侧窗大约1米以内的地方就可以看到（侧窗的目的是为了视线，而不是为了照明）。

窗户的处理中最主要是对紫外线的防制

阳光中所含紫外线，经科学证明，其对纸张、色彩、纤维物质均会产生莫大伤害。纸张纤维容易受紫外线分解氧化。并降低纤维间聚合度，而使纤维硬化、分裂，失去纤维间的耐折强度，若有氧气存在，也会因光合水解作用，而产生化学反应，促使纸质迅速破坏。德国柏林实验所，在其研究报告中曾指出，凡纺织品遭受阳光三个月不断照射，纺织品便会丧失耐久性95%，纸质尤甚。故在典藏图书时，应特别留意典藏处之光源，绝对需避免紫外线直射。

为了遮避阳光直射，可使用窗帘、有色玻璃、遮阳板等设施，解决阳光直射问题，以改善展厅的环境。

在有色玻璃的使用前，应先了解阳光照射

于玻璃表面时，一部分光线会被反射，一部分会被玻璃所吸收。剩余部分则直接透射入室内。这三分量之相对比例，仅取决于玻璃种类、厚度及射线入射的角度。光谱的透过率，则决定于玻璃的化学成分、颜色及其深浅，以及特殊的表面涂料。至于选用何种玻璃，博物馆应根据情况而定，就以玻璃颜色而言，应避免使用蓝紫色，因为这种有色玻璃无法有效吸收紫外线。宜用红黄绿茶色玻璃，则可避免过多紫外线照射文物展品。

就玻璃质料而言，有三层式热线反射玻璃，其组合结构是先以一片有色玻璃经特殊金属反射膜电解处理后，中间分别夹以一层紫外线硬化性"高分子树脂"强力接着剂，及一层聚乙稀丁醛树脂中间膜，再经加热高压，使其胶合成一体，成为一种具有高性能特殊紫外线吸收处理的优越玻璃制品，可防止过多紫外线进入室内。确保文物安全。

3.4.3 光线照射陈列品的角度

在探讨这个问题时，我们应该记住室外光线，因为人们的视线在户外逐渐所以展开，所以当来自太阳的定向光线以及由起辅助作用的来自云和天空的散射光线照射在展品上的时候，这种展品看上去最佳。从下面反射的光线，相对来说极少，除非当地面上有镜面、沙子或冰的时候才有增加。阳光的角度不是关键问题，不过仅仅在热带地区阳光才能达到垂直照射的程度。

由于头脑中有这种"终身不渝"的经验，我们可以通过使用以45°角向下定点照射的聚光灯。在人造灯光下相当自然地观看雕塑品。而且使展室的天花板和墙面的光线保持协调。而让地面颜色较暗一些。天花板可以使这项工作比较容易些。聚光灯不需像太阳光那样全部以一个方向投射下来，但必须避免眩目光、光线方向和墙壁的覆面，可以灵活多样。

纺织品、服饰、书画陈列和其他竖立的表面

需要进一步加以考虑。用带有闪光装置的各种照相机所摄照片可表现出这些困难。如果我们光线离展品表面太近，那么从每一个光泽面将产生强烈的反射光，如果让光线过分垂直照射，就会使任何投射的影子既长又突出，从而扩大纺织品的纹路和绘画表面的杂乱无章。当天花板完全是一个半透明的光线源时，具有最强烈的反射光线的物品可能是参观的头顶。如果你直接看展柜的话，反射光将无法从视线方向上去掉。当光线与垂直面成近30°角时，如果观看垂直表面，将没有任何眩光。从而获得最佳观看效果，但是光源应该延长(例如成排的荧光灯)，以便使阴影边缘柔和一些。

斜式陈列柜无法单独进行高标准的照明。通常的作法是让它们由普通房间的光线来照明。安置在陈列柜里面的灯是有害的，因为它们会造成热辐射问题，而且在比较浅的桌式陈列柜里，光线照射的角度过于倾斜。如果我们装灯置于参观者的身后，则参观者会遮蔽光线并且会在其他一些视看方向上产生眩光。

一个更为均匀的光线可以使展品照度低，而表面上看去却明亮得多，延长的光源，例如在漫射体后面的日光灯射出的光线和从天花板反射来的光线，有助于提供这种环境天空光线。避免使用非常暗淡色调的墙壁涂料覆层，也可以产生这类效果。

3.4.4光线的位置和观测方式

人类视觉的发达是为了生存，而不是为了参观那些精心选择照明条件的博物馆。在日常生活中，视觉系统的关键是其适应能力，眼睛不像摄像机。而更像与计算机相联结的闭路电视系统。计算机的功能介于"电视摄像机"和我们的视觉能力之间。

在限定博物馆光线亮度方面，我们必须收集我们力所能及的有关照明作用方面的知识，以便看一下在形式和色彩中那些细小但是具有意义的不同点。我们需要更加准确一点来了解一下照明在以下两个方面的作用。a 视觉灵敏度和 b 色彩辨别能力。记住了前面说的关于眼睛识别力的相应的属性。人们就能够直接地看

出。这并非易事。

无论博物馆是怎样照明的，反正视觉的灵敏度和颜色辨别力都不可能处于最高值。也无论它是否试图加以控制。那么在博物馆限度内，什么是最佳条件，将能够形成一致性的可接受的观点。

当照射在文物展品上的光线数量增加一倍时，例如，将要求的50勒克斯增加一倍，在展品的损坏以及我们的视觉敏感性方面所发生的变化，视觉灵敏性也有所增加。但无论如何，也不会接近成倍的增加。反之，我们却可以推测，损坏一定会按倒数规律成倍的增加。

眼睛即摄像机加上计算机，为了把因光线而造成的损失减少到最低限度，我们必须保证将文物置于使人看起来舒服而且能够辨别清楚的光线之下。

在选择照明之前，我们应注意一些问题。
1. 适当的颜色透视很重要吗？在博物馆里通常是这样的，既然如此，目前我们选择就局限于日光、钨丝灯或一种具有良好的颜色透明的荧光灯。

2. 如果是人选光源，那么我们是选用暖色光还是冷色光呢？在这里，要点是在低照度下暖色更容易产生比较明亮的效果，在50勒克斯的条件下，由于这个原因以及由于其更容易控制，人们更喜欢人造光。

3. 紫外线辐射是否得到处理。在日光下大部分种类的荧光灯敏感材料展出的地方，紫外线过滤器是必备的。对钨丝灯和菲利浦37型荧光灯来说，使用紫外线过滤器是必须的。

辐射热会成为问题吗？简单地说，无论是作为狭窄的聚光灯还是广泛展开，钨丝灯在150勒克斯的条件下，都会造成察觉得出的加热效果，特别是有直接照射在相互靠在一起的展柜时更是如此。如果光源在展柜中，那问题就更严重了。在对辐射热特别敏感的地方，要使用装有二色反射的荧光灯或钨丝灯。

汉墓展的工程描述与照明设想(该项目获全国十大精品最佳形式设计奖),该展示的文物的特点是:1.文物的保护技术(因为展示的文物为刚出土、未保护的汉代木器)。2.文物展示的实施难点。3.建筑空间的特点(要求1:1复制泗阳汉墓墓葬现场)。根据调研分析以上特点、场地、空间尺度、建筑性质、技术安装问题、材料等,以便更好地评估展示照明方案。

工程设计研讨:对文物展示的方法、要求、困难开展研究,充分理解,寻找现场氛围和照明技术相关问题(保护展示和观赏艺术氛围)的解决方法。

照明基调定位:包括采用电气照明、多媒体装置以及光源指导,特别确定的照明水平,亮度控制,文物的光色选择,对比度和眩光,不同类型照明设施选择,照明系统和灯具的安装,主题照明和次要照明,重点照明与辅助光源的方案。

工程计算:经费的计算,包括工程参数控制和光度数据计算,并预留备选方案。

照明水平:根据文物的不同需求,展厅内预计达到的照明水平是不同的。平均照度指标遵循以下限制50lx、150lx、≥300lx,感度要求,相关标准也不同。

亮度和眩光

从亮度均匀度的角度,展厅内文物的局部照明亮度应该超过基本的环境照明,也应超过场景墓葬复原的照明,这样文物才能被正确的辨识和欣赏,对于眩光引起的不舒适(主要是展柜)最初阶段对此问题的解决是采用有防护措施的光源和灯具(欧克),而在工程阶段,进一步出现的眩光问题则是不可预测的,展览开放前根据具体情况调节照明设备来解决。

对比度:就文物和展览之间的关系来讲,上述指标是极为关键的,如果必要,就要有可能来实施照明量标准。如各区域内光照度的测量和控制、数据采集,从而在调整阶段加强对比度。

保护:所有的照明指标应当考虑保护要求。易损性文物的照明量应当重点控制(如感应装置)。具体措施是控制照明能耗量且考虑高敏感材料接收的最大照明能量限制。

再看看故宫午门展厅的照明设计,这是法国凡尔赛宫珍品展。午门展厅的空间结构非常简单,是以时间为顺序的线性结构。为弥补展厅空间的单一,把午门展厅空间序列延长到午门城楼下,照明设计必须服从建筑设计。故宫是世界文化遗产保护项目。午门展厅的建筑设计要体现的是午门建筑本身的特有魅力。实际要体现文物保护原则。为体现展厅在古建中的空间关系,对展厅外正楼内夹层环境作重点照明,使展厅浮在午门正楼内,为了烘托午门正楼的原有风貌,展厅采用玻璃天花,并在其上部设置上照型泛光灯,以反映古建的原有天花彩画,通过对展厅内的柱础作重点照明处理,反映古建的原有结构特写。午门展厅为多功能厅,全部采用人工光,为了适应和满足各种展品的照明要求。展厅内采用固定灯轨与移动灯具相结合的方式。轨道不止配合吊顶设计覆盖所有的展位。轨道安装在玻璃之间,以保护展厅吊顶的完整美观,以求灯具与建筑的完美与统一。午门展厅采用许多非标产品,此外,在展厅地面布置响应的插座,以满足各种布展需要，同时，为配合不同展览的需要，所有照明均有调光系统控制光线的强弱。

清华大学张昕先生对美术馆照明的七种立场阐述如下：

一、普通观众的立场

所谓普通观众，特指没有受过正规艺术训练的参观者。是"不发生"艺术"鉴赏行为"的"朴素"的一群。对与这个最广泛人群而言，"用光专门照亮"的物品就是艺术。艺术品之间只有艺术门类的不同，而无艺术水准的高下之分。对于大多数而言，艺术品被光"专门照亮"非常重要。同样重要的是能在画廊中保持愉悦的心情。所谓"消除疲劳感"的照明也是为了这"大多数"。简单的说，大范围的连续低照度将导致疲劳，很多名贵的古典艺术品也因此与普通观众产生了距离，"它们太暗了"，而现代艺术的高亮度照明恰恰是其会普通观众喜爱的原因之一。

二、艺术家的立场

艺术家的立场最为复杂，暂且分为3类（前两类代表艺术品的制作者，第三类代表艺术品的鉴赏者或旁观者）。

① "为美术馆展览而生"的艺术家，他们在进行艺术创作时的重要构思之一是"艺术品在美术馆里展出时看起来是什么样？"比较著名的如方力均，他的画室布置的跟美术馆很接近。对于这些艺术家的作品来说，照明设计一定要小心翼翼。如果不按"规矩"出牌，也许对艺术品内涵的表达影响很大，通常要与艺术家本人充分沟通。

② "非为美术馆展览而生"的艺术家，包括博物馆问世之前的所有艺术家和大多数现代、当代艺术家，他们的创作源泉不包括作品的展出方式，

国画家全部属于这一类艺术家,国画的欣赏方式是多数时间卷起存放,平时独自欣赏,只对圈中挚友作偶尔展示。对于这类艺术家的作品,通常要研究画家创作时的光环境和艺术品长期存放地的光环境。美术馆内的照明应尽可能对其进行还原。

③艺术品的鉴赏者或旁观者,艺术品照明要求相对明亮且公允。"明亮"不难实现,现代调光技术可以为专业级参观(或称高规格参观)提供相对较高的照度水平,相对清晰的表达艺术品细节。"公允"则是个难题,艺术鉴赏是基于"比较"而言的一门学问,因而要求被比较对象(通常在同一美术馆中)的照明水平相对一致;包括光的照度、构图、色温、方向等等。

三、文物保护专家的立场

文物保护专家要面对所有可能令艺术品蜕变的物理因素。包括光、热、风、湿、虫蛀等等。对于红外、可见紫外光而言,存在即意味着破坏。艺术品的蜕变是客观规律,文保专家的工作是尽量延缓这个过程,当他允许你以某一照度值对艺术品进行照明的时候。事实上已经接受了

由此造成的艺术品损坏。对于美术馆照明,文保专家的立场是建立在"痛苦"之上的。因而,与此对应的其他六种立场,必须加上一个限定短语"在尽可能减少艺术品破坏的前提下"。

四、建筑师的立场

建筑师重视"光",只是偶尔仇视"灯",通常对于美术馆而言"光"是圣洁的,而"灯"是丑陋的。这种观点在中国的建筑师圈子里特别流行。某次沙龙,周栋老师提到"射灯加导轨不会对博物馆室内构成干扰"。场内青年大多不解,对于未将参观美术馆列为文化生活必不可少一部分的国度多说,这个问题确实难以用语言解释。

若将建筑师的立场概括为"光的神圣化",不得不提两个项目,路易·康的金贝尔美术馆和彼得·辛姆托的布雷根茨美术馆。

路易·康希望观众在美术馆内欣赏作品时,不受眩

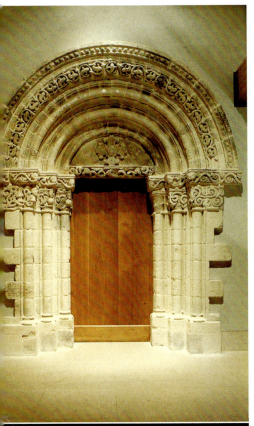

光干扰，同时不致完全与外界隔绝。"窗户导致眩光，因此不考虑设窗，然而，从上面洒落的日光是最明亮的，也是唯一可接受的光照。于是窗就成为一条缝。改善光照的装置就设在摆线形拱下。"经过两年的分析和实验，康和他的建筑光学顾问凯利才完成这个改善光照的装置，以穿孔铝板做成人字形断面的光线反射漫射板。既可避免阳光直射，又可消除眩光，还能让少量阳光散射入室内。在拱顶端部的墙和拱曲面之间，开了一窄条弧形玻璃窗，以强调墙体不承重。

彼得·辛姆托希望创造一个拥有尽可能多顶部采光的多层垂直美术馆。利用玻璃板与浇筑混凝土内墙间的中空空间，形成一个多层多功能呈现出敏感性和可塑性。每层展厅设置玻璃天花吊顶，玻璃板之上的中空空间为设备层。特殊的采光器将昼光在进入展厅之前进行过滤和反射，结合天板调光的人工光系统，形成"可呼吸"的容器。

路易·康说过，"我一看到那些试图把没有光的空间塞给我的方案，我就简洁的拒绝之，甚至不假思索的抵制。没有自然光照的建筑，肯定属于'非建筑'。这些东西我乐于称之为建筑市场上的货色，但不是建筑。"我认为有生命物和无生命物是两个极端……但我觉得即使所有的植物和动物都灭绝了，太阳也依然会放射光芒，雨滴也依然会坠落。我们离不开自然，但自然并不需要我们。"对于这些建筑师而言，美术馆是光的容器，光是美术馆"构造"的一部分。

五、照明设计师的立场

这是我最感兴趣的话题，但于此却要小心翼翼。因为这是一篇给照明设计师的文章，何况本人也在这个圈子里，所以仅举一个"现象"供同行们参考。

照明设计师的圈子有自己的各种奖项、表彰那些优秀的照明设计师和照明设计作品。而往往照明设计得奖的作品在建筑圈里很难拿到奖项，或者不被认为是"超一流"作品。前文的金贝尔美术馆在建筑史上是标志性的，而照明顾问凯利是照明工程师，不是当前意义的照明设计师。最为重要的关于"光"的构思，是由路易·康本人做出的，凯利的工作则是努力实现康的想法。

是否存在这样一个悖论，当照明设计师动了"私心"峡谷要创造所谓"作品"的时候，建筑的整体水平下降了。而照明设计是否在行业性的定位偏失呢？

六、媒体的立场

在排除了"炒作"等因素后，可以认为媒体的立场是善意的。为了艺术的推广，为了美术馆门外无钱或无时间的人群。媒体的工具是镜头，美术馆照明因而要有可读性和戏剧性，以呼应"镜头"艺术。由于照明设计师的职业特点，目前的问题不是"戏剧性缺乏"，而是"戏剧性泛滥"。美术馆实体不能切换镜头，但可以切换空间，照明的切换要与空间的切换产生某种呼应。推荐一部苏菲·玛索主演的《浮宫魅影》，卢浮宫中不同场景的照明设计对应着不同的空间隐喻，美术馆也有自己的"蒙太奇"。

七、美术馆馆长的立场

某种意义上说，美术馆馆长集矛盾于一身，是整个体系中最令人尊敬和同情的。可能被认为"最有立场"，抑或"最没有立场"。他们是艺术品的保管者，是布道者，是教师，是艺术的"仆人"。要做出最"相对正确"的美术馆照明，一定要仔细聆听他们的声音，一定要认真考虑他们的立场。

后记 Postscript

陈同乐

中国博物馆学会陈列艺术委员会一直致力于博物馆陈列艺术多方位的研究与开拓，鼓励艺委会全体人员进行科学的探讨与研究，并联合诸多科研单位和院校参与合作，提倡在实践的基础上进行运用理论的总结。我承担的"光在陈列艺术中的运用与研究"仅为其中一项。

光的运用，它在陈列设计中的聚散开合是早已被我们熟惯了的，以至于很少有人想到要去作专题的深入研究，2001年我向国家文物局申报了《光在陈列艺术中的运用与研究》这个课题并如愿获准，非常感谢他们给了我这次机会。

自接手课题以后，筹备有年，专心致志，踯躅累积，仅图片的收集和文字的整理就经过了漫长的时日，更不谈还要请其他同仁一起做光感的实验等等，其中的甘苦只有自己知道，由于本人的专业有限，对光感、光源、光纤等专业原理都是重新学起，为此请教过许多这方面的专家学者，也列席参加了他们的专业研讨会议，得到了许多师友的指教。而陈列艺术委员会一开始就非常重视这一课题的研究，并把它作为拓荒性的课题，希望我投入最大的精力，我唯有殚精竭虑，方不负各方的期望。

经过三年多的努力，此稿终于完成，我并不认为这是我个人的成果，这个课题的结题其实是大家努力的成果。

承陈列艺术委员会赵春贵老师为我作序，向他表示感谢，承南京博物院老院长徐湖平的大力支持、倪明副院长的通力合作，没有他们，恐怕难以完成我的课题工作，向他们致敬致礼。同时也要感谢南京师范大学的许建春老师、南京艺术学院的张晖老师和陈列艺术委员会的王有庆、程旭先生，感谢江苏爱涛环艺有限公司、广东集美公司、雅虹公司，让我为此课题进行了许多实例分析，最后向所有帮助过我的人深表谢意。我相信在黯淡中只要有那么一束纯静、洁白、美妙的灵光存在，足可以抵挡一切了。

责任编辑：王　扬
装帧设计：邱雪峰

图书在版编目（CIP）数据

光的艺术：光在陈列艺术中的应用与研究/陈同乐著.
北京：文物出版社，2006
ISBN 7-5010-2017-5

Ⅰ．光…　Ⅱ．陈…　Ⅲ．光学—应用—博物馆—陈
列设计　Ⅳ．G265

中国版书图书馆CIP数据核字（2006）第119879号

光的艺术
光在陈列艺术中的应用与研究
陈同乐著
文物出版社出版发行
北京五四大街29号
http://www.wenwu.com
E-mail:web@wenwu.com
南京凯德印刷有限公司
新华书店经销
889×1194毫米　1/16　印张：14
2006年11月第一版　2006年11月第一次印刷
ISBN 7-5010-2017-5/G·122　定价：320.00元

参考书目

《博物馆陈列设计》
《建筑环境灯光、工程设计手册》
《文物保护技术与材料》
《保护学原理》
《文物保存环境概论》
《艺术照明与空间环境》
《商业照明》
《BESIGNING WITH LIGHT》